Bauwelt Fundamente 172

T0337735

Herausgegeben von

Elisabeth Blum
Jesko Fezer
Günther Fischer
Angelika Schnell

Michael Erlhoff

Im Schatten von Design
Zur dunklen Seite der Gestaltung

Bauverlag
Gütersloh · Berlin

Birkhäuser
Basel

Die Reihe Bauwelt Fundamente wurde von Ulrich Conrads 1963 gegründet und seit Anfang der 1980er Jahre gemeinsam mit Peter Neitzke herausgegeben.

Verantwortlicher Herausgeber für diesen Band: Jesko Fezer

Gestaltung der Reihe seit 2017: Matthias Görlich

Hintere Umschlagseite: Fred Leuchter

Library of Congress Control Number: 2021937323

Bibliografische Information der Deutschen Nationalbibliothek
Die Deutsche Nationalbibliothek verzeichnet diese Publikation in der Deutschen Nationalbibliografie; detaillierte bibliografische Daten sind im Internet über http://dnb.dnb.de abrufbar.

Dieses Buch ist auch als E-Book (ISBN 978-3-0356-2382-6) und E-PUB (978-3-0356-2383-3) erschienen

Der Vertrieb über den Buchhandel erfolgt ausschließlich über den Birkhäuser Verlag.

© 2021 Birkhäuser Verlag GmbH, Basel, Postfach 44, 4009 Basel, Schweiz, ein Unternehmen von Walter de Gruyter GmbH, Berlin/Boston; und Bauverlag BV GmbH, Gütersloh, Berlin

bau‖ ‖verlag

Gedruckt auf säurefreiem Papier, hergestellt aus chlorfrei gebleichtem Zellstoff. TCF ∞

Printed in Germany

ISBN 978-3-0356-2381-9

9 8 7 6 5 4 3 2 1
www.birkhauser.com

Inhalt

Einzelheiten

Nachrufe

Versuch und Versuchung
Eine Einleitung

Allmählich wird allgemein wahrgenommen und nahezu akzeptiert, was Design sein könnte oder ist. Noch immer ist ziemlich kompliziert zu verstehen, wie komplex das Design das alltägliche Leben beeinflusst und konturiert. Denn es ist überall auffindbar, wenn man aufmerksam darauf achtet: Das Design formuliert, welchen Eindruck wir auf andere machen, wie wir uns durch Straßen und Landschaften bewegen, wie wir essen und schlafen und uns reinigen, wie wir arbeiten und uns vergnügen, wie wir lieben und miteinander reden, was wir sehen, riechen, ertasten, hören und schmecken. Die Menschen können sich dem Design nicht entziehen, es prägt die Lebensläufe und selbst noch den Tod.

Solche Komplexität aber ist auch dem Design ein Problem. Denn de facto muss es unermesslich viel Verantwortung übernehmen, sich der eigenen Komplexität und der Tatsache gewiss sein, dass es alle Aspekte des Lebens drastisch konfiguriert. Sozial, wirtschaftlich, ökologisch, kulturell, medial und eben ganz alltäglich. Tatsächlich tendiert das Design dazu, solche Verantwortung gar nicht reflektieren und selber wahrnehmen zu wollen, es neigt dazu, sich zu verstecken und lediglich in einigen Aspekten wie Möbeln oder meinetwegen Automobilen aufzutreten und sich kenntlich zu machen. Der Rest wird beiseitegeschoben oder irgendwie durch Missachtung legitimiert.

Genau hier steckt ein weiteres Problem des Designs: Jede Selbstreflexion könnte doch ausgerechnet in den Situationen, in denen das Design gar nicht besonders auffällt, plötzlich Schwierigkeiten entfalten, Kritik an der Gestaltung bestimmter Wohnbereiche, urbaner Strukturen, von Arbeitsplätzen, medialer Vereinsamung und dergleichen. Tritt so etwas erst einmal zutage, dann tendiert man ebenfalls im Design dazu, sich durch Ablenkungen zu entschuldigen oder sich hinter Unternehmen, Institutionen, der Politik und anderen Organen zu verstecken. Dabei ist doch das Design für genau jene Unternehmen und andere Institutionen ein substanzielles Argument, Dinge und Zeichen, Medien und

Dienstleistungen gesellschaftlich und wirtschaftlich durchzusetzen. So läuft das Design im Kreis herum, taumelt und stottert vor Schwindel.

Sicherlich, so kann man weitermachen, auch weiterhin Geld verdienen und gelegentlich die Schaubühne betreten. Nur schafft solches Verhalten keine klugen Ausblicke, verändert nichts, steckt in der Konserve. Denn lediglich Kritik, wirklich radikale Kritik inklusive – das ist sehr wichtig – Selbstkritik ist unabdingbar, Selbstbewusstsein zu entwickeln. Also ein begründbares Handeln und Denken, nämlich im Bewusstsein der jeweiligen Gründe und möglichen Folgen. Allein dies schafft wirkliche Perspektiven, einen offenen Diskurs und wahrhaftige Anerkennung; nur so entkommt das Design seiner marginalen und unterwürfigen Existenz, bloß banale Märkte, autoritäre Strukturen und üble Aktivitäten zu unterstützen. Man muss sich selber – hier braucht man den Imperativ – über die eigene unausweichliche Ambivalenz der Taten klar werden, man muss diese untersuchen und verstehen. Nichts ist an und für sich gut, sondern alles muss sich in der Praxis bewähren. Aber das benötigt Erkenntnis und Kritik, braucht die Einsicht darin, dass das Design auch bei der Entwicklung etwa von Waffen oder Gefängnissen ebenso aktiv ist wie bei der von Spionage, Beeinträchtigungen des täglichen Lebens und dogmatischen Vorgaben (von der EU-Verordnung einer erlaubten Gurkenkrümmung bis zu dem in Kennesaw, Georgia, vorgeschriebenen Gesetz, dass jeder Haushalt mindestens eine funktionierende Waffe und entsprechende Munition besitzen muss). Gewiss beinhaltet das Design – sonst wäre es dringend abzuschaffen – wesentliche humane Kraft, doch leider ebenfalls zerstörerische Wut.

Umso erstaunlicher, dass es zwar überall in den Medien und in Publikationen beispielsweise Film-, TV-, Kunst-, Architektur- und allgemeine Kulturkritik gibt, allerdings kaum Design-Kritik. Wenn diese auftritt, dann fast immer nur implizit, eben nicht ausdrücklich als Kritik an Design. Immerhin gab es in den 1960er- und dann in den beginnenden 1980er-Jahren so etwas wie eine praktische Selbstkritik von Designerinnen und Designern am Design, vor allem in Italien. Doch merkwürdigerweise blieb diese Kritik irgendwie bei sich selbst, wurde kaum öffentlich als solche wahrgenommen und geriet sogar – armes Design – zur Mode, wurde gesammelt und teuer verkauft.

So existieren offensichtlich ausreichend Gründe für das hier vorliegende Buch, das sich nun in einer ausdrücklichen Kritik am Design versucht. Selbstverständlich nicht am Design an und für sich – das existiert nicht –, aber an bestimmten Auswirkungen, Artikulationen, Beweggründen und ebenso an bestimmten sprachlichen Formen, mit denen allgemein das Design so gerne kanalisiert wird. Dies geschieht hier in diversen Essays, also Versuchen, den Zusammenhang und die Probleme von Design öffentlich besser zu verstehen.

Zugegeben, diese vielfältigen Texte können nicht alles umgreifen, was das Design betrifft, oder könnten sogar Erwartungen der Leserinnen und Leser enttäuschen. Wobei ich zugeben muss, dass ich Enttäuschungen sehr schätze, bemühen diese sich doch, Täuschungsmanöver zu entlarven oder auf den Arm zu nehmen. Ja, in den hier vorliegenden Texten geht es einfach darum, die Widersprüche im Design zu verdeutlichen und auch deren potenzielle Hintergründe. Übrigens ist die durch die Anordnung und das Inhaltsverzeichnis vorgegebene Reihenfolge der Texte in keiner Weise verbindlich: Man kann einfach irgendwo anfangen und an einer anderen Stelle weiterlesen. Und noch etwas muss ich zugeben: Gelegentlich überschneiden sich bestimmte Dimensionen in den Texten, gibt es vermeintliche Ähnlichkeiten der Argumentation. Doch das ergibt sich nahezu zwangsläufig, da sehr häufig sowohl historisch als auch im Bezug auf die Gegenwart sich vergleichbare Hintergründe entdecken lassen – jedoch verbindet sich dies mit und begründet sich aus unterschiedlichen Perspektiven. Man muss sich bei der Lektüre halt einfach nachsichtig darauf einlassen. Noch eine letzte einleitende Anmerkung: Ich hoffe, dieses Buch schafft keine Frustration, sondern bestenfalls intensive Enttäuschungen. Daraus und nur daraus schöpft sich Hoffnung.

Im Gebrauch

Schöner morden
Ein paar Widersprüche zur „Guten Form"

Zumindest all jene, die Krimis lesen oder dergleichen Filme oder Serien gerne anschauen, wissen, dass Todschlag und Mord, aber auch Selbstmord Gerätschaften benötigen. Eben solche, die für die entsprechenden Taten sehr gut geeignet sind. Bei genauer Betrachtung stellt sich fatalerweise jedoch schnell heraus, dass fast alle Gegenstände zu solchen Taten taugen. Autos sind vorzügliche und aufgrund ihrer häufigen Unfälle auch noch unauffällige Werkzeuge, um jemanden, und sei es sich selber, zu ermorden; Messer, Äxte, sogar Gabeln sind dafür ebenso eindeutig nützlich wie Flaschen jeglicher Art, alle Gegenstände mit spitzen Enden, aber auch Gläser oder Geschirr, wenn man diese vorab in Scherben zerschlägt. Doch sogar Computer oder Smartphones wirken als Schlagwerkzeuge leicht tödlich, mit Verkehrsschildern kann man zuschlagen und stechen, Regale und andere Möbelstücke fallen gelegentlich um und zerschmettern Menschen.

Sehr gut, dies ist aus Lektüre und Betrachtung geläufig, funktionieren ebenfalls viele medizinische Instrumente, sie sind geradezu herausragend dafür gestaltet, jemanden zu töten – und in der Medizin reichen oft durchaus kleine Gegenstände dafür aus, man muss sie lediglich mit etwas füllen oder bestreichen, sie an Elektrizität anschließen oder die Schärfe der Klinge allein reicht bereits als Mordwaffe aus. Wobei übrigens insgesamt nicht allein harte und feste Dinge in diesem Kontext hilfreich sind, vielmehr die schönsten Schals oder Strümpfe gerne irgendwen erdrosseln, was wahrscheinlich auch mit den Beinen von modischen Hosen, den Ärmeln von Jacken oder mit schicken Röcken möglich sein sollte. Weich sind ebenfalls Kopfkissen und andere Zutaten, den Tod durch Ersticken zu befördern. Recht unauffällig übrigens.

Doch womöglich gibt es einige Objekte, obwohl gut gestaltet und an und für sich funktional, die als Mordinstrumente schwierig einzusetzen sind. Wie mordet man mit einem Fußball oder – im Gegensatz zum Nagel – mit einer

Büroklammer oder dergleichen. Mit einer Lampe problemlos, mit einem Regenschirm auch, mit einem Sofa schon etwas schwieriger, gleichwohl immer noch vorstellbar – da kommt es wieder auf die Gestaltung an. Und auf die Handhabung, denn wahrscheinlich kann ein geübter Kämpfer sogar ein Blatt Papier als Waffe nutzen. Mehr noch: Leicht vorstellbar, dass sogar ein bestimmtes Zeichen oder Symbol als Mordwaffe dann funktioniert, wenn dieses präzise gestaltet ist und bei der betreffenden Person, die umgebracht werden soll, ein bestimmtes Trauma existiert, sodass jenes Zeichen einen tödlichen Herzanfall hervorruft oder diesen Menschen in den Selbstmord stürzt. Ein Prozess, bei dem, einer eventuell notwendigen Kontinuität zuliebe, gut geformte Internetauftritte und andere digitale Medien äußerst nutzbringend sind.

Nun, wenn dabei stets die Gestaltung in das Zentrum der Aufmerksamkeit rückt, oder sich rücken sollte, dann geht es offenkundig um Design. Was sehr plausibel ist, redeten doch fast alle und sprechen noch heutzutage sehr viele von denen, die mit Design zu tun haben, so gerne von der Funktionalität, die geflissentlich zu gestalten sei. Über Ergonomie und Effizienz, über große Wirkung, Langlebigkeit oder eben auch – häufig genug der Grund für Mord – wirtschaftlichen Nutzen. Und wenn diese Faktoren erkennbar eingelöst sind, dann nennt man das mit unausweichlich moralischem Pathos „Gute Form" oder „Gutes Design".

Kein Ausweg: Das Wort „gut" in diesem Zusammenhang meint zwangsläufig eine moralische Wertung, lobt die Funktionalität und deren Implikationen als gesellschaftlich wertvoll. Einfach so. Nämlich ohne jegliche Rücksicht auf die innere Widersprüchlichkeit dessen, was man als „funktional" so bezeichnet, und blind gegenüber jeglicher Reflexion der lebendigen Auswirkungen solch funktionaler und noch so „gut" gestalteter Produkte als höchst ambivalent. Denn Funktionalität läuft nicht einseitig ab, sondern – wie alles andere auch – im offenen Rennen der Gegensätze gesellschaftlicher Intention und Wirkung.

Übrigens gilt dies auch für die ansonsten mit Design so gern verknüpfte Kategorie der Schönheit. Denn einerseits hindert Schönheit nicht daran, die als so schön empfundenen Dinge brutal zu gebrauchen, und andererseits kann man gewiss unterstellen, dass gar als besonders schön geltende Gegenstände umso lieber für Mord und Todschlag benutzt werden. Irgendein Mythos, und sei es der von Schönheit, oder der Pragmatismus von Funktionalität qualifizieren das Produkt noch drastischer für die Tat.

Zweifellos drängt sich an dieser Stelle die Frage auf, ob man Gegenstände möglicherweise so gestalten kann, dass diese zum Auslöschen von Leben nicht taugen. Doch das ist ebenso spannend wie äußerst schwer zu beantworten. Dazu müsste erst einmal das Problem in den Fokus der Debatte über und der Aktion im Design geraten. Wovon das Design wie die Öffentlichkeit noch weit entfernt sind.

Denn das Problem, das hier beschrieben wird, findet ja noch eine ganz andere Perspektive: Auch alle ausdrücklich als Waffen zu nutzenden Gegenstände, Zeichen oder Medien basieren auf Design. Jedes Gewehr, alle Pistolen, sämtliche Bomben, Tretminen und ähnliche Dinge existieren nur aufgrund von Ingenieurwesen und von Gestaltung; ebenso Militärflugzeuge, Panzer, Drohnen und selbstverständlich auch die Instrumente, diese zu steuern. Dies gilt nicht minder für das gesamte Software-Design, das man braucht, um diese Waffen herzustellen und handeln zu lassen.

Es gehört immerhin zum Allgemeinwissen, dass die Entwicklung von Hochtechnologie allemal zuerst im militärischen Bereich ausgedacht, formuliert, finanziert und umgesetzt wird. Nur sollte man dies wenigstens gelegentlich angesichts dessen, was als Wirklichkeit wahrgenommen wird, bedenken und in den Konsequenzen analysieren. Selbst noch der mittlerweile von der Automobilindustrie artikulierte Jubel über die Zukunft selbst fahrender Autos beruht schlicht auf Erfindungen und Gestaltungen, die global für das Militär zuerst entwickelt wurden. Und dabei sind Designerinnen und Designer substantielle Gewährleister von Qualität und somit ebenfalls von Funktionalität und auch einer gewissen Attraktion, denn schön soll das schon sein, was da töten soll. Die nämlich, die da töten werden, sollen oder wollen das gerne tun und sich damit identifizieren können.

Nicht minder ist dies zu berücksichtigen, wenn man bedenkt, dass alle diese Produkte, deren essenzielle Funktion die Tötung von Menschen bedeutet, auch attraktiv verpackt sind und dass dafür Werbung und Verkaufsbroschüren gestaltet werden. Ein völlig normaler Markt mit den üblichen Bedingungen. Also ein großes Feld für Design.

Wozu auch noch gehört, dass sowohl jene Unternehmen, die das weltweit fabrizieren und vermarkten, als auch die Organisationen, die das benutzen – also Armeen, kriminelle Vereinigungen, Terroristen und dergleichen –, niemals umhinkommen, sich durch Corporate Design, Gestaltung der Marke, als solche darzustellen und auszuzeichnen. Man muss sie doch voneinander unterscheiden können, und sie, diese Organisationen oder Organe, sind auch noch stolz auf sich, auf ihre Existenz, Kommunikation und die Taten. Wobei man sogleich eingestehen muss, dass in gewisser Weise das Konzept von Corporate Design, heutzutage unausweichlich für Unternehmen zur Selbstbehauptung und -darstellung im Markt, im Militär seinen Ursprung findet. Eben in den Uniformen und Fahnen, mit denen sich die einzelnen Gruppierungen (nationale Mächte, Organisationen, herumstreunende Gruppen etc.) untereinander und gegenüber den Feinden kenntlich machen wollten und mussten. Was durchaus schon beizeiten auch dazu führen konnte, gelegentlich mal das Corporate Design einer anderen Gruppe vorübergehend zu klauen, um damit, also mit Branding-Konfusion oder -Adaption, hinterrücks zuschlagen zu können.

Gewiss wäre an dieser Stelle von sehr großem Interesse, die Namen jener Designstudios und Designprofis zu nennen, die an solchen intendiert und ausdrücklich zur Tötung von Menschen gestalteten und produzierten Instrumenten beteiligt sind. Doch leider sind die meisten Versuche, diese herauszufinden, bisher kläglich gescheitert; lediglich für die italienische Waffenschmiede „Beretta" ist der Büchsenmacher Bartolomea Beretta als Gründer und Handwerker bekannt, interessanter aber ist die Tatsache, dass der australische frühere Apple Watch-Stardesigner die Beretta „486" vor einigen Jahren problem- und skrupellos, dafür stolz redesignte. Und es war fast allgemein bekannt, dass ein ziemlich berühmtes Hamburger Designstudio, welches ansonsten für Mode-Labels arbeitete, zuständig war für das Branding der deutschen „Bundeswehr". Tatsächlich passiert in diesem Bereich etwas, das ähnlich aus der Architektur bekannt ist, denn dort findet man kaum die Namen jener Architekturbüros, die verantwortlich sind für grausame Wohngebiete, den sogenannten sozialen Wohnungsbau und hässliche Eigenheime.

Denn auch das ist evident: Jener Widerspruch zwischen offiziell erstrebtem Ansehen und teils grässlicher Wirklichkeit betrifft nicht allein das Design. Nur stößt das im Design (anders, wenngleich durchaus vergleichbar, als in der Architektur) auf das merkwürdige Phänomen, dass dies so gravierende Problem innerhalb von Design ebenso wenig wie in den entsprechenden Magazinen oder auch überhaupt in einer allgemeinen Öffentlichkeit erörtert wird. Dabei wäre so wichtig, endlich auch das Design mit all den Konsequenzen, Wirkungen und insbesondere auch seinen Erfolgen im Markt zu verstehen. Denn erst dann wird es Selbstbewusstsein und kritische Kompetenz generieren.

Perfektes Design
Wenn alle tradierten Kriterien beschworen werden

1. einfältig

Für sehr lange Zeit galten innerhalb von Design und ebenso im allgemeinen Verständnis von Design sehr klare Kategorien, es als gelungen oder misslungen zu erörtern – einst sprach man in diesem Zusammenhang sogar ganz moralisch von „gutem" und „schlechtem" Design. Im Selbstverständnis jener Zeit und teilweise noch heutzutage erachtete man diese Kriterien zudem als eindeutig und problemlos. So wirken die auch auf den ersten Blick und konnten sich leicht verallgemeinern. Denn dabei geht es beispielsweise um die angemessene Funktion, also darum, dass genau das, was man mit einem entsprechenden Gerät oder Zeichen erreichen wollte, genau gemäß dieser Vorstellung geschieht. Ganz maschinell oder automatisch.

Ein weiteres wichtiges Kriterium war und ist die Effizienz, eben kostengünstige wie eilige und erneut problemlose Funktion. Des Weiteren sind aufzuführen zum Beispiel Sauberkeit, da Produkte eher Schmutz entfernen als diesen entwickeln sollen, oder einfache Handhabung nebst klarem Verständnis sowohl von Gegenständen als auch von jeglichen Zeichen und Medien. Was zusammengefasst werden könnte und häufig wird unter der Kategorie der Ergonomie; ergonomisch meint, es diene dem Menschen, sei demgemäß human oder auch nur bequem gestaltet. Wenn alles dann auch noch langlebig ist und verhältnismäßig einfach oder wenigstens plausibel hergestellt werden kann, dann spricht man geflissentlich von perfektem Design – und gewinnt damit die entsprechenden Designpreise und öffentliches Ansehen.

Das klingt einfach und verständlich und entspricht auch dem heute zu gerne zitierten Satz, Design schaffe jeweils die intendierte Verbesserung von etwas und löse Probleme.

2. zwiespältig

Folgt man dieser Liste von Kriterien für gutes und erfolgreiches Design, dann stolpert man unter etlichen anderen auch über einen der berühmtesten Designer der Vereinigten Staaten von Amerika, der schon 1999 genau mit diesen Kriterien in einer TV-Dokumentation sein Design öffentlich und durchaus voller Stolz präsentierte – übrigens einer Dokumentation, die lediglich seine eigenen Kommentare zu den Produkten und zum Glück keinerlei fremde Erläuterungen enthielt. Die filmische Dokumentation „Mr. Death: The Rise and Fall of Fred A. Leuchter, Jr." des amerikanischen Filmemachers Erroll Morris wurde etwas später im deutschen Fernsehen von Spiegel TV ausgestrahlt. Bei diesem Designer handelt es sich um Frederick A. Leuchter (in der englischen Sprache tendiert man dazu, ihn als „Ljutschter" auszusprechen). Zugegeben, eigentlich einer der tatsächlich berühmtesten und in seinem Metier einflussreichsten Designer (als den er sich selber ohnehin immer schon betrachtete), gleichwohl innerhalb der Designszene leider nur sehr wenig wahrgenommen. Dabei war dieser Mann für etliche Jahre der offizielle „Electric Chair Designer USA".

Dieser Fred Leuchter gestaltete und redesignte nämlich in vielen Bundesstaaten der USA die elektrischen Stühle zum Vollzug der Todesstrafe. Und zwar mit der demonstrativen Präsenz all jener Kriterien, die allgemein zur Beurteilung von „gutem Design" herangezogen werden.

In jener TV-Dokumentation geschieht das überaus deutlich. Leuchter bewegt sich sprachlich dabei fortwährend im Kontext von Ergonomie und der Verbesserung humaner Bedingungen. So verdeutlicht er die dringende Effizienz, auf dass die Hinrichtung möglichst problemlos vonstatten gehen sollte, also präzise und schnell. Außerdem komfortabel für die Kandidatinnen und Kandidaten des elektrischen Stuhls. Die sollten bequem sitzen, man sollte ihnen einfach das entsprechende elektrische Geschirr anschnallen können und sie danach auch simpel entsorgen.

Die Funktion musste stimmen. Dazu alles sauber verlaufen, da es doch Zeugen bei der Hinrichtung gibt, die durch den Anblick nicht besonders erschüttert werden sollten. Preisgünstig und einfach herstellbar sowieso, dazu ohne großen Aufwand machbar. Leuchter zeigte dies in jener Dokumentation ganz ausführlich und detailliert, er setzte sich sogar zuerst einen alten Hinrichtungshelm (Teil des ganzen Systems) auf seinen eigenen Kopf, erläuterte dessen Probleme und tauschte es dann mit großer Begeisterung gegen seinen neuen Entwurf aus, der viel besser passte. Außerdem – nicht zuletzt eine weitere Kategorie zur Bestimmung von „guten Design" – war dieses von ihm gestaltete Teil viel schöner als das alte, einfach attraktiver. Sogar „Langlebigkeit" als wichtiges Kriterium wurde von ihm erwähnt – womit er jedoch nur das Gerät meinen konnte. Also insgesamt besser, ein klarer Fortschritt.

Alles ist stimmig in dieser Dokumentation, und der Frederick Leuchter zeigte sich zusätzlich auch noch als, was ebenfalls viele Designer offen oder hintergründig ebenso auszeichnet, Sammler vorzüglichen Designs. Denn er öffnete die Tür zu seinem Designmuseum voller Teile von solchem Hinrichtungsmaschinerien oder kompletter elektrischer Stühle und dazugehöriger Gerätschaften. Ganz stolz, selbst beeindruckt.

Ja, dieser Fred Leuchter war zeitweilig in den USA gar so erfolgreich in seiner Branche, dass er von den Justizbehörden diverser Bundesstaaten beauftragt wurde, ebenso für ein Re-Design von Gaskammern und von Hinrichtungen durch Injektion zu sorgen. Was er geflissentlich tat und wofür er, wie insgesamt, sowohl finanziell als auch publizistisch gewürdigt wurde. Denn alles, was er in jener Zeit gestaltete, war fraglos präzise, ökonomisch gut kalkuliert und entsprach oder entspricht bis zum heutigen Tag den Vorstellungen von perfektem Design. Es behauptet sich als funktional, ergonomisch, langlebig, effizient, sauber und auch noch attraktiv und sogar als Gegenstand von Sammelleidenschaft.

Bleibt noch nachzuholen die biografische Notiz zu dem Frederick A. Leuchter: Er wurde am 7. Februar 1943 als Sohn eines Justizvollzugsbeamten geboren, beendete 1964 sein Studium der Geisteswissenschaften an der Borsten University mit dem BA und verschaffte sich dann auf irgendwelchen dubiosen Wegen die Kenntnisse als Exekutionsfachmann, als Ingenieur und Designer für Hinrichtungen. Erst in den 1990er-Jahren verlor er an Einfluss und Ansehen auch in den USA, da bekannt wurde, dass er 1988 einen angeblich wissenschaftlichen Bericht verfasst hatte, der beweisen sollte, dass in den nationalsozialistischen Vernichtungslagern kein Gas eingesetzt worden war. Immerhin ruinierte dies die Karriere des Holocaustleugners. Allerdings muss man ja insgesamt über diese Karriere staunen. Da doch seine so drastisch und komplex ausgearbeitete Gestaltung und deren laut vorgetragene Selbstgewissheit längst vorher sowohl seine Aktionen als auch die damit verbundenen Vorstellungen von Design alle Widersprüche hätte verdeutlichen müssen. Aber das wurde, wie so manches im Design, simpel verdrängt. Denn die Kriterien stimmten ja.

Somit lautet die deprimierende Nachricht, dass jene beliebten vorgetragenen Kriterien für „gutes Design" keineswegs bedeutungslos sind, allerdings trostlos sich gebären. Wenn nicht bedacht wird, wofür jene Funktionalität mitsamt dem Rest eingesetzt wird, dann artikulieren die Kategorien einen erschreckenden Zustand im Design und in dessen allgemeiner Beurteilung. Und noch eine Anmerkung für geflissentliche Insider: Dies alles geht übrigens auch konform mit jener in der Forschung immer noch so beliebten „Actor Network Theory/ANT" von Bruno Latour, wurde von diesem und wird von dessen Apologeten allerdings als Problem nicht benannt. Womit unter anderem die substanzielle Banalität und mangelnde Aussagekraft sowie ohnehin veraltete Fassade dieser Theorie mal wieder offensichtlich wird.

3. nachträglich

Als ich Anfang der 1990er-Jahre in meiner wöchentlichen Vorlesung an der Köln International School of Design/KISD diese TV-Dokumentation über den Designer Fred Leuchter komplett vorgeführt hatte und direkt danach mich verabschiedete und den Hörsaal verlassen wollte, blieben die etwa 150 Studierenden geschlossen sitzen und erklärten mir, dass sie sofort mit dem Designstudium aufhören würden, wenn es nun nicht eine ausführliche Diskussion darüber gäbe. Die fand statt und geriet sehr intensiv – und alle setzten ihr Studium fort.

Leichen im Keller
menschenleer

Bel Etage

Beginnen wir mit der Architektur und der Inneneinrichtung: Da reimte doch schon Anfang des 20. Jahrhunderts der wunderbare Schriftsteller Paul Scheerbart durchaus ironisch: „Das Ungeziefer ist nicht fein / Ins Glashaus kommt es niemals rein." Und tatsächlich, wenn man sich die Bildwelten über Architektur und Interior Design in entsprechenden Zeitschriften und Katalogen oder anderen Publikationen online anschaut, dann sieht man in den Räumen nicht nur kein Ungeziefer, sondern fast immer noch nicht einmal Menschen oder deren Spuren. Nirgends bewegt sich jemand, kein Mensch, kein Haustier, keine Fliege. Nirgends liegt etwas einfach so herum oder stehen noch Essensreste auf einem Tisch. Kein Jackett über der Lehne von einem Stuhl, kein Schal auf einem anderen Möbelstück, keine Schuhe, die im Raum vergessen wurden. Bloß die Räume selber und die Möbel nebst noch Lampen. Alles möglichst hervorragend in Fotos gefasst, tolle Perspektiven, beeindruckende Strukturen und das Mobiliar. Allerdings stehen in den Bücherregalen oder vergleichbaren Arealen kaum Bücher oder sind diese locker und nur artifiziell angeordnet – gelesen werden und wurden die nicht. An den Wänden, wenn überhaupt, womöglich eine Arbeit von Andy Warhol (gerne die „Flowers") oder von Gerhard Richter. Alles bestens stilisiert, niemals chaotisch wie im alltäglichen Leben.

Jetzt könnte man einwenden, diese Abbildungen in den entsprechenden Organen intendierten überhaupt nicht, Wirklichkeit abzubilden. Vielmehr wisse doch jeder, dass dies gewissermaßen Bühnenbilder sind. Zurechtgerückt für die Fotos, um bestimmte positive Aussagen über jene Architektur und Inneneinrichtungen zu vermitteln. Also etwas ganz Eigenes und keineswegs vermittelt mit alltäglicher Realität. Solche Fotos entsprächen beispielsweise dem, wie

Gourmet-Arrangements exquisiter Restaurants oder Menus dargestellt würden, von denen man doch auch nicht erwarten würde, das als essbar anzunehmen.

Doch dagegen muss man einwenden, dass solche Abbildungen Normen setzen und unausweichlich Vorbilder dafür liefern, wie man sich (und gegebenenfalls auch einen Teller) anzurichten und wie man damit umzugehen habe. Eben äußerst sauber, ordentlich und dem guten Standard entsprechend. Da gibt es keinen Fleck und auch keine Gebrauchsspuren. Noch nicht einmal Staub auf den Regalen oder anderen Möbeln. Alles ist piekfein. Und deshalb unmenschlich. Wie nämlich schon Kurt Schwitters unter anderen gegen das argumentierte, ist jeder in sich harmonisch gestaltete Raum völlig inhuman, da jeder Mensch, der solch einen Raum betritt, die Harmonie zerstört. Das bezeugt lediglich hermetische Gestaltung und deren Selbstverwirklichung.

Erdgeschoss

Das Gleiche gilt für die Darstellung gestalteter Objekte, von Zeichen und Zeichensystemen, Kleidung und medialer Artikulationen. Auch deren Abbildungen kennen keine Menschen, die solche Dinge gebrauchen – lediglich in der Darstellung von Mode werden künstliche Figuren, die Menschen ähnlich sein sollen, genutzt. Da werden Stühle und Tische in den entsprechenden Magazinen vorgestellt oder Radios, Geschirr, Bestecke, Wegweiser, Apps und so viel anderes, stets jedoch unter Verzicht einer Handhabung oder anderer Wahrnehmungsprozesse. Und auch in diesen Abbildungen finden sich keinerlei Gebrauchsspuren, treten die Dinge und Medien auf, als wären sie gerade aus einem Ei geschlüpft. Alles clean, keine Patina, keine Kratzer.

Dabei legitimieren sich doch alle Inneneinrichtungen ebenso wie alle anderen gestalteten Objekte in ihrem Design allein durch die Möglichkeit, diese zu gebrauchen. Anders als in der Kunst begründet sich Design ausschließlich in der Potenzialität und im Akt des Gebrauchs durch Menschen; was zumindest in einem eklatanten Maß ebenso für die Architektur gilt, es sei denn, man würde sie jeweils nur als öffentliches Monument begreifen und eben nicht als Wohnhaus oder Bürogebäude oder öffentliche Institution.

Mithin schwindeln all jene Abbildungen, imaginieren sie eine heile Welt, musealisieren sie das Leben, verkleistern sie jegliche Erfahrung und schieben die Gestaltung in das Elend reiner Sauberkeit.

Souterrain

Zugegeben, in der Werbung treten die Abbildungen von Objekten und damit verbundenen Prozessen häufiger gemeinsam mit Personen auf. Womit dennoch keinerlei Gebrauchsspuren und -formen sichtbar werden, vielmehr sollen diese Personen die Betrachterinnen und Betrachter dazu verleiten, sich mit jenen zu identifizieren und deren Nähe zu den entsprechenden Objekten als Wunsch vermitteln, ebenfalls und möglichst permanent mit diesen verbunden zu sein. So, wie ein klug gestaltetes und somit auch ausgeleuchtetes Schaufenster denen, die hineinschauen, immerzu ihr eigenes Spiegelbild vor Augen führt, auf dass sie das in dem Schaufenster Ausgestellte schon mit sich verknüpfen, sogar als Teil ihrer Identität wahrnehmen.

Klar, das ist ebenso Fiktion. Anfassen kann man weder in der Werbung noch vor dem Schaufenster irgendetwas. Und auch dort findet sich niemals Schmutz oder irgendeine andere Spur davon, dass Menschen damit umgegangen sind.

Untergrund

Folgen wir also solchen Magazinen und Katalogen und anderen Publikationen von Architektur und von Design, so imaginieren wir uns ein Heim, das erschütternd puristisch ist und überhaupt nichts mit den Dingen oder gar mit uns zu tun hat.

Kein Wunder übrigens, dass in solchen Medien niemals Bilder aus den Kellern der Häuser publiziert werden. Denn womöglich würden sich dort die leblosen Resultate auffinden lassen, die einst die Bewohnerinnen und Bewohner der Häuser und die Gebraucherinnen und Gebraucher solcher Objekte und Prozesse so gerne erworben haben. Übrig bleiben Monster.

Redensarten

Überall im Überbau
Die Gestaltung der allgemeinen Unmündigkeit

Da hatte schon im 16. Jahrhundert der Philosoph und auch Politiker Michel de Montaigne darüber geklagt, dass so viel mehr Bücher über Bücher geschrieben würden als über Sachen und objektive Zusammenhänge. Womit er eine akademische Gepflogenheit gründlich kritisierte, die in den vergangenen Jahrzehnten unserer Zeit erneut um sich gegriffen hat. Man formuliert permanent positive Kommentare zu dem, was andere schon geschrieben haben – die meist wiederum bloß Kommentare zu anderen Kommentaren publizierten. Der empirische Anlass, nachzudenken und dies erneut zu reflektieren und dann gegebenenfalls zu formulieren und zu publizieren, verschwindet in solchen Erörterungen vollständig: nämlich die sozialen, wirtschaftlichen oder kulturellen Prozesse und Probleme, die Analyse von Gegenständen mitsamt deren Verbindungen und Folgen und dergleichen mehr. Wahrhaft tragisch verläuft dieser ständige Versuch, den gesellschaftlichen Problemen über metatheoretische Eskapaden zu entrinnen, heutzutage im Alltag und im Design.
So weit, so schrecklich. Nur – und dies führt noch tiefer hinein in das Design – finden wir diesen Vorgang, allein noch den Überbau wahrzunehmen, ebenfalls im alltäglichen Leben zumindest der ökonomisch hoch entwickelten Länder. Lediglich, was als äußerst besonders erscheint oder angeboten wird und exklusive Privatheit (neues Foto mit Hund oder Katze oder von sich selbst, neue Frisur, neues Kind etc.) gelten noch als bemerkenswert und Facebook- bzw. Instagram-würdig. Alles Normale, das fortwährend das Leben konturiert und konfiguriert, wird von jeglicher Beachtung ferngehalten. So palavert man über Weltpolitik, über zukünftige Technik, abstrakte gesellschaftliche Phänomene und dann noch darüber, wen man kürzlich getroffen hat, welche gesundheitlichen Probleme drohen und welche Allergien oder Animositäten das eigene Leben bestimmen.
Man bewegt sich in einem Universum, das mit dem wirklichen gesellschaftlichen Dasein kaum etwas zu tun hat – schon gar nicht mit dem, was einem

alltäglich widerfährt. Ignoriert wird jeglicher Diskurs, und es wird sogar die Wahrnehmung dessen, was man normal nennen könnte, als gewöhnlich erklärt. Nur bedeutet dies ebenfalls, dass das Normale überhaupt nicht mehr infrage gestellt wird. Man nimmt es hin. Einfach so. Eben als normal. Dabei – und dies hat wahrlich zutiefst mit Design zu tun – setzt das Normale die Vorgaben dafür, wie gelebt, also gehandelt, geliebt, geredet, gestaltet und sogar gedacht und gehört wird. Denn solch Normales setzt eben die Norm, formuliert die Vorschrift und organisiert die Abläufe.

Wahrlich nicht allein als Gesetz, sondern viel unauffälliger in der Gestaltung der Objekte, Zeichen und Prozesse. Weshalb gerade dies so intensiv diskutiert, reflektiert und kritisiert werden müsste.

Einfache Beispiele: Warum trinken in China und in den westlichen Ländern die Menschen aus Tassen mit einem Henkel, was doch, wenn der Tee oder Kaffee zu heiß sein sollte, dazu führt, sich die sensible Zunge und nicht die Finger zu verbrennen; es braucht keine lange Überlegung, was problematischer ist. Oder: Warum artikuliert ein Blinker im Automobil immer noch den Ton eines Relais? Warum geben sich hierzulande die Menschen die Hand zur Begrüßung? Warum glauben wir, dass es identische Blätter an Büschen oder Bäumen gibt? Wie gestalten die Menschen die ersten beiden Minuten nach dem Schlaf? – Zweifellos unendlich viele Möglichkeiten, das Gewohnte nicht als gewöhnlich, vielmehr als äußerst aufregend und anregend zu begreifen. Nämlich, das Leben und damit die Anforderungen an Gestaltung radikal zu verändern.

Zugegeben, das wirkt alles sehr simpel. Insbesondere angesichts einer zunehmend komplexer und komplizierter erscheinenden empirischen Welt. Jedoch ist nicht die Frage, warum in der westlichen Kultur die Finger auf diese Weise und etwa in der chinesischen auf eine ganz andere Weise zum Zählen genutzt werden, abstrakt oder banal: Abstrakt und zugleich banal ist stattdessen, diesen so substanziellen sozialen Phänomenen aus dem Weg zu gehen und sich im allgemeinen Überall zu verlieren. Die real und durch neue Kommunikationsmittel und andere technische Entwicklungen sowie durch rabiate soziale und ökonomische Veränderungen erzeugte zunehmende Komplexität kann keineswegs dadurch begriffen werden, dass man sich sprachlich in komplexen Attitüden verstrickt, sich ignorant über die Mannigfaltigkeit des Einfachen erhebt und kritiklos, also affirmativ, durch den Überbau geistert und alles noch mehr verrätselt. Im Überbau mag man sich heimisch fühlen, aber dies gelingt lediglich in den üblichen Gesten angestrengter Halbbildung.

Ja, es wird Zeit, mal wieder etwas ausführlicher über ein Komma oder einen Punkt nachzudenken, zu diskutieren und zu arbeiten.

Zur Narretei des Narrativen
Die Gestaltung von Conversation Pieces

Wer nichts zu sagen hat: erzählt. Und wird dabei seit ein paar Jahren auch noch heftig unterstützt durch PR-Agenturen und die ihnen nachplappernden Journalisten und Berufspolitiker. Wurde noch vor etwa zehn Jahren ständig und gewiss nicht immer verständig Michel Foucaults „Dispositiv" als Fahne vorweg getragen, so ist es heute das „Narrativ". Dies betrifft nicht nur die Soziologie, sondern auch das Design und ebenfalls die Architektur. Alle Gegenstände, Zeichen, Medien und auch Dienstleistungen sollen Geschichten erzählen. Irgendwelche Geschichten. Als gäbe es sie selber gar nicht mehr als Objekte. Wobei doch das Objekt ebenso wie das deutsche Wort „Gegenstand" jenes Moment von Widerstand äußert, an dem sich dann in der Auseinandersetzung damit sowohl eine Beziehung zwischen dem Gegenstand und denen, die ihn nutzen, als auch so etwas wie ein Subjekt ergeben, da doch dieses Subjekt seine Erfahrungen, auf denen es aufbaut, erst aus dieser Auseinandersetzung entwickeln kann. Aber das ist vorbei. Die Gegenstände werden zu puren „Teller Machines", zu jenen Geräten, aus denen man Geld zieht und die dabei einem das Geld vorzählen, eben *vertellen*. Denn Erzählungen sind nichts anderes als Aufzählungen, bieten also bloß die Einbildung an, es gäbe hinter dem Objekt selber eine ihm zuzurechnende inhaltliche Begründung jenseits des Gegenständlichen. Was dann die ganze Sache berechenbar macht und ihr jegliche Eigenheit nimmt.

Mag sein, dass dies so kompakt formuliert etwas unverständlich bleibt. Doch das kann man auflösen. Denn tatsächlich kennen wir wahrscheinlich alle aus eigenen Erfahrungen etwa bei einem Besuch in der Wohnung oder auch nur im Büro von Bekannten oder gar Freunden, dass diese, wenn man dort vor Ort einen Gegenstand aufregend oder zumindest interessant findet, keineswegs auf dieses Interesse eingehen, vielmehr sofort berichten, nämlich erzählen, wie und wo und unter welchen Umständen sie das Ding erworben haben. Nur das scheint wirklich aufregend, da man das doch durch Zufall fand, darum feilschen musste und solche Mühe hatte, es nach Hause zu transportieren. Als ob das irgendjemanden sonst, außer denen, die das erzählen, interessieren sollte. Wahrhaftig artikuliert solche Erzählung lediglich, dass diese Menschen sich offenbar keineswegs mit dem Gegenstand selber auseinandergesetzt haben oder auseinandersetzen wollen und dass sie ihn überhaupt nicht lieben, nur an der Geschichte hängen, die sie dazu berichten. Die Erzählung gerät so zur Legitimation des Erwerbs – obwohl es diese keinesfalls bräuchte. Ja, das Narrativ impliziert stets heimliche Hintergedanken, zum Beispiel sich selbst dafür zu beruhigen, dass man das Ding oder die Dienstleistung eingekauft und eingeheimst hat.

Nun sollte durchaus erwähnt werden, dass selbstverständlich alle Objekte mehr bedeuten als bloß das, was traditionell als deren Funktion beschrieben wurde. Selbstverständlich gilt jene Diskussion auch im Design, in der die vielfältigen Gründe für den Erwerb und die Nutzung von Dingen erörtert werden. Denn zweifellos wird manches nur des Erwerbs und des Kaufaktes wegen angeeignet – Kaufen macht Spaß, Besitzen frustriert gelegentlich – und anderes wird genutzt, um anzugeben, um Ängste zu vernichten, sich Träume (vermeintlich) zu erfüllen oder Sorgen zu verhüllen. Doch dies braucht keine Erzählungen, besser ist, damit bewusst zu leben, und sinnvoll sind entsprechende Analysen. Und gewiss existieren ebenfalls jene „Conversation Pieces", die Plauder-Gegenstände. Kleidung, Schmuck, Accessoires, aber ebenso Autos, Möbel und andere Dinge taugen vorzüglich, sich irgendwie auffällig zu gestalten und im Smalltalk Anregungen zu finden, über etwas zu sprechen. Nur erzählen die Sachen nichts, vielmehr sprechen sie allein für sich selbst. Sie fallen auf und sind dafür gestaltet. So müssen sie überhaupt nicht durch irgendwelche Märchen aufgewertet oder legitimiert werden. Sie reichen dem Zweck an sich selber, sie wirken durch ihre Gestaltung und benötigen deshalb keine weiteren Geschichten.

Mehr noch: Jener Zwang des Narrativen ignoriert völlig das Design selber. Die Erzählung ersetzt sogar die Gestaltung. Denn erzählen kann man irgendetwas über das dümmste und unwichtigste oder jämmerlichst gestaltete Ding. Da doch auf diesem Weg die Erzählung unausweichlich viel wichtiger ist als das Design und dieses einfach ersetzt. Umso absurder, dass ausgerechnet einige Designerinnen und Designer ebenfalls nach jenen Narrationen verlangen und wirklich behaupten wollen, die Dinge und die Zeichen und die Dienstleistungen müssten über deren Erzählungen vermittelt und, so billig ist das, verkauft werden. Die versinken in jener vom Philosophen Ernst Bloch so klug formulierten „Banalität der Tiefe" und schaffen nebenbei sich selber ab.

Klar, womöglich hat sich gesellschaftlich der Wahn des Narrativs längst so durchgesetzt, dass ein Plädoyer für die Wiederentdeckung des Gegenständlichen obsolet geworden ist. Weil einfach die Mühe der Auseinandersetzung mit den Objekten bloß noch vermieden und als zu kompliziert gesehen wird. Bieten sich doch längst viele Objekte nicht mehr als solche widerständigen Dimensionen an, betören vielmehr dadurch, dass man sie kaum noch oder nur flüchtig wahrnimmt, und man sie gerade deshalb so schätzt, sich lediglich Geschichten drum herum erzählt, um sie auf diesem Weg sich vermeintlich verständlich zu machen und aneignen zu können. Doch so geraten wir alle zu Narren – leider nicht zu den aufmüpfigen und kuriosen, sondern allein zu den trostlosen. Wir werden zum Narren gehalten.

Vorschriften im Schriftverkehr

Durchaus verständlich sind Klagen etlicher Menschen, heutzutage würden die neuen Medien dafür sorgen, dass bloß noch sehr kurze und häufig nahezu unverständliche Sätze geschrieben werden. Zumindest innerhalb jeglicher Korrespondenz. Dies ist plausibel, denn tatsächlich schreiben etliche Anbieter von medialen Plattformen eine bestimmte Länge und damit auch eine bestimmte Form von Mitteilungen vor; zusätzlich veranlassen die Möglichkeiten der Bedienung solcher medialen Instrumente oft aufgrund ihrer Anordnung lediglich bestimmte Schreibweisen, nämlich möglichst kurz und gegebenenfalls mit neuen Wortbildern und Zeichen. Verständlich sowieso nur für jene, die sich weitgehend in dieser Form von Kommunikation aufhalten und demgemäß über die Bedeutung solcher Wörter und Zeichen wissen. Womit wiederum deutlich wird, dass Kommunikation stets ein Ausschlussverfahren darstellt, nämlich derjenigen, die keine oder wenig Kenntnis von den Zeichen haben.

Nun muss man jedoch zugeben, dass dieses Problem von Vorschriften und entsprechendem Schreiben keineswegs neu ist. Das betraf zweifellos schon die Handschrift. Zwar wird diese – unterstützt durch die Macht einer Signatur – von vielen Menschen sehr gerne mit ihrer eigenen Besonderheit verknüpft oder als deren Ausdruck wahrgenommen, also als Eigenheit und individuelle Formulierung: De facto aber ist selbstverständlich auch die Handschrift vielfältigen Regeln unterworfen. Selbst noch dann, wenn solch eine Handschrift darauf verzichten mag, lesbar zu sein, verbleibt sie dennoch im jeweils kulturellen Umkreis verhaftet. Immerhin existieren doch unterschiedliche Varianten von Buchstaben, gibt es die kyrillischen, die chinesischen, arabischen und viele andere mehr. Ohne sich dessen stets bewusst zu sein, folgt man zwangsläufig der vorgeschriebenen Schrift, die man gelernt hat. Dies verknüpft sich mit der durch die Schrift vorgegebenen Reihenfolge der Buchstaben, die man einhalten muss, wenn man auch nur annähernd lesbar schreiben will. Was im Verlauf eines Schriftstücks selbstverständlich noch gefestigt wird durch die Grammatik, die einen bestimmten Aufbau der Wortfolgen weitgehend festlegt und nur sehr wenig Spielraum für Eigenheiten lässt.

Übrigens sind auch die Buchstaben gestaltet, selbst in den Handschriften. Zwar nicht von dafür berufenen Professionellen, wohl jedoch – und auch dies ist im Kontext der Reflexion von Design allemal bedenkenswert – im Rahmen kultureller Entwicklungen, also im Prozess der Handlung des Schreibens. Dies wiederum wurde gefördert einerseits durch neue Erfindungen von Materialien, auf denen zu schreiben war, und andererseits von den Schreibgeräten. Die bestimmte Qualität des Materials, die Schrift zu fixieren, konturiert unabdingbar die Schrift selber. Sie wird krakelig, verläuft langsam oder schneller, benötigt mehr oder weniger Druck der schreibenden Hand. Dies gilt noch für jedes Papier – und beruht sogar auf den Kosten jenes Materials, denn teures Material verträgt weniger Flüchtigkeit des Schreibens als billiges.

Und die Schreibgeräte: der Federkiel, der Bleistift, der Federhalter und später der Füllfederhalter und der Kugelschreiber. Alles Geräte, deren völlig unterschiedliche Handhabung die Handschrift unweigerlich prägt. Abhängig eben von der Gestaltung und der von ihr vorgegebenen Funktion. Mehr noch, sogar die unterschiedlichen Geräusche beim Schreiben dürften die Handschrift durchaus tangieren. Die Feder kratzt auf dem Papier, die Bleistiftmine grunzt gewissermaßen, und der Kugelschreiber elektrisiert. Die Geräte liefern zudem unterschiedliche Geschwindigkeiten, die Tintenfeder zum Beispiel tendiert zudem dazu, Tinte als Flecken auf das Papier zu werfen (weshalb übrigens der Komponist Beethoven, da er seine Notationen gerne sehr schnell und hart auf dem Papier aufbrachte und dabei viele Kleckse produzierte, lieber zum Bleistift griff). Der Bleistift ermöglichte insbesondere nach der Erfindung des Radiergummis, das Geschriebene fast folgenlos wieder zu entfernen – durchaus widersprüchlich, denn jeder konnte dann die Schrift eines anderen ausradieren und so vernichten (weshalb traditionell eine Signatur mit dem Bleistift keine Gültigkeit besitzt). Zudem hält man solche Gegenstände beim Schreiben mit der Hand notwendigerweise in dieser Hand, ist also die Art und Weise des Schreibens ebenfalls abhängig davon, wie man das entsprechende Schreibgerät in der Hand halten und somit über das Papier führen kann. Zweifellos eine Frage der Gestaltung des Geräts. Mithin bedingen sich sowohl die Art des Schreibens eines Textes als auch sehr intensiv die Lektüre desselben, nämlich abhängig von der Gestaltung. Was noch deutlicher hervortritt angesichts der weiteren Entwicklung von technischen Geräten, die Handschrift abzulösen. Das beginnt mit der Möglichkeit, Texte zu drucken. Denn dies nötigt zu einer Transformation von der Handschrift in die Typografie. Und die Buchstaben von Drucksachen jeglicher Art sind Resultat gestalterischer Anstrengungen, werden von dafür ausgebildeten Leuten entworfen und endgültig geformt.

Das ist gültig für den Bleisatz genauso wie für jegliche andere Form der maschinellen oder auch digitalen Fixierung von Schrift. Selbstverständlich waren auch die Buchstaben traditioneller Schreibmaschinen und dann der sogenannten Kugelkopf-Schreibmaschine im Voraus gestaltet und gleichfalls die Schriften auf dem Computer, dem Laptop oder dem Smartphone. Was wiederum das Schreiben selber verändert hat. Nicht unversehens erschien Ende der 1960er-Jahre in England ein von mehreren Dichterinnen und Dichtern herausgegebenes Buch mit dem Titel „Typewriter Poems", nämlich in der Gewissheit, die Schreibmaschine ermögliche und erlaube sehr bestimmte Gedichtformen und verhindere andere. Was an der Art des Schreibens liegt: bei der Schreibmaschine das heftige Drücken mit den Fingern auf die Tasten und die große Schwierigkeit, einmal Geschriebenes wieder zu tilgen, beim Computer die eilige Weise, mit den Fingern über das Tastenfeld zu fahren, und die so leichte nachträgliche Veränderung von Texten, und neuerdings bei den Smartphones das Wischen und Tippen, mit dem sich Buchstaben setzen lassen; und die Technik des Schreibgeräts bestimmt selbstverständlich auch die Form des Lesens. Nicht unversehens existieren völlig unterschiedliche Schriften, ist die Typografie ein wesentliches Element schon traditionell des Designs. Die eine Schriftform verführt zu einem langsamen Lesen, eine andere beschleunigt es ganz bewusst, und die dritte macht das Lesen absichtlich schwer. Wörter werden mit unterschiedlichen Typen unterschiedlich lang, was dann genauso die Texte betrifft. Buchstaben mit Serifen, jenen gelegentlich etwas verschnörkelt wirkenden Verzierungen der jeweils auslaufenden Enden von Buchstaben, scheinen womöglich etwas poetischer und attrahieren die Lektüre, verlangsamen diese sogar, während die serifenlose Typografie den Eindruck von Objektivität vermittelt und auch eine höhere Geschwindigkeit des Lesens imaginiert.

Zweifellos spielen diese unterschiedlichen Typen tatsächlich eine gewichtige Rolle beim Lesen, was wiederum das Schreiben der Texte, die dann in solchen Typen gelesen werden, ebenfalls beeindrucken sollte. Bemerkenswert dabei ist, dass die Autorinnen und Autoren mittlerweile sehr selten über die Möglichkeit verfügen, die für ihre Texte zu verwendende Typografie vorzugeben. Das geschieht üblicherweise im Verlag, nämlich durch das Design der entsprechenden Buchreihe oder -art. Alle kennen zudem jenes Phänomen, dass gedruckte Texte – egal, in welcher Form von Publikation – zusätzlich in einer jeweils vom Verlag verordneten Weise gesetzt, also in ein Layout gezwungen werden. Einspaltig oder zweispaltig, in Zeitschriften und Zeitungen auch noch in unterschiedlich breiten Spalten, im Flattersatz, eben an der jeweils rechten Seite des Satzes offen strukturiert und nicht auf Linie gebracht, oder als Blocksatz links und rechts komplett auf einer vertikalen Linie. Nicht unversehens existieren solche Unterschiede, vielmehr sind sie Ergebnis und Ausdruck klarer Gestaltungsstrategien, die sowohl mit dem jeweils geplanten Gesamtimage eines Verlags als auch mit Vorstellungen über die jeweilige Lektüre zu tun haben. Mehr noch: Dies betrifft nicht allein das Lesen solcher Publikationen selber, was immerhin schon sehr relevant ist, sondern auch ganz unmittelbar das Schreiben der zu veröffentlichenden Texte; denn jede Autorin und jeder Autor kennt die gelegentliche Aufforderung des Verlags, man möge aufgrund von Problemen im Layout Texte kürzen oder verlängern, damit diese in das Layout hineinpassen. Nun müssten zusätzlich noch in Betracht genommen werden: zum Beispiel das Papier, auf dem die Texte veröffentlicht sind (hart oder weich, glänzend oder matt, strahlend weiß oder gräulich), das Format (nicht unversehens verbirgt sich in der Abkürzung „DIN" die Norm, also eine rechtliche Vorschrift, innerhalb derer jegliche Schriftsache sich zu verhalten habe), der Einband und dessen Gestaltung und dann noch das gesamte Marketing der entsprechenden Verlage.

Zusammengefasst bedeutet all dies ganz einfach, dass die Gestaltung, heutzutage also das Design, etliche Vorschriften entwickelt hat, sämtliche Schriftsachen und den gesamten Schriftverkehr ebenso zu kontrollieren wie dadurch das Schreiben von Texten und sehr drastisch die Lektüre von Texten (sowie die Ansichten von Bildern in Publikationen) zu beeinflussen. Wir lesen nicht, auch wenn wir das gerne glauben möchten, einfach Texte, sondern wir lesen innerhalb strikter Vorgaben und können diesen bloß partiell entgehen, wenn wir uns ständig mit jenen Vorgaben auseinandersetzen. Das Design nämlich verortet die Texte ebenso wie die Lektüre. Seltsam nur, dass noch nicht einmal im Design selber die so deutlich gestellte Relativität von Texten reflektiert und kritisiert wird.

Alles dies betrifft selbstverständlich auch diesen Text, den Sie gerade gelesen haben, und das Organ, in dem es publiziert wurde.

To Trump up
Design & Fake

1. modellieren

Es wird vermutlich niemanden erstaunen, im Kontext von Fälschung das Design zu erwähnen. Vermuten sicherlich viele ohnehin, dies, nämlich die Produktion von Fiktionen, sei geradezu wesentlich für das Design. Was durchaus nachvollziehbar ist. Selbst diejenigen, die häufig mit Design zu tun haben, können oft nicht zwischen einem präzise produzierten Modell eines Produkts und dem Produkt selber unterscheiden; denn schlaue Modelle geben allemal vor, schon zu funktionieren. Hier werden Fertigkeiten vorgegaukelt, die vom Modell noch gar nicht praktisch eingelöst werden können. Gleichwohl spielen solche Modelle eine sehr wichtige Rolle im gesamten Prozess der Gestaltung, sollen sie doch einerseits dazu dienen, Anschauung und Volumen und gegebenenfalls das Verhältnis zu anderen Produkten der gleichen Linie zu erläutern, und andererseits dazu, die Klientel, für die gestaltet wird, schon über die Anschauung und ebenso die Haptik des Modells zu überzeugen. Wobei anders als in der Architektur die Modelle im Design ja stets in der Größe des Endprodukts angefertigt werden und genau deshalb so beeindrucken. Lediglich als zusätzliche Information: Im Design wird grundlegend unterschieden zwischen einem Modell, das lediglich die äußere Gestalt des späteren Produkts vorführt, und dem Funktions-Modell, das neben der allgemeinen Gestalt eben auch ganz beweglich und genau die Funktionsweisen vorführt, und schließlich dem Prototyp, der schon alles beinhaltet, was dann letztendlich gebaut werden wird.

Noch deutlicher gerät wahrscheinlich die Nähe von Design zur Fälschung etwa in der Typografie. Nicht nur existieren im Entwurf der Gestaltung von Texten sehr häufig zuerst sogenannte Blindtexte, die nur so tun, als seien sie schon der Text. Wirklich, es kann geschehen, dass Menschen bei der Ansicht solcher Blindtexte zuerst glauben, das seien schon die „echten", und diese deshalb zu lesen beginnen. Noch drastischer ist sicherlich, dass über die Typografie Texte in ihrer Aussagekraft völlig unterschiedlich wirksam werden. Selbst Immanuel Kants „Kritik der reinen Vernunft" produziert in deutsch-nationaler Typografie ein völlig anderes Verständnis als etwa gesetzt aus der „Helvetica" oder „Futura". Fett gesetzte Textpassagen wirken unweigerlich wichtig – egal, ob dies inhaltlich stimmt – und kursiv gedruckte Passagen stets als Zitate oder apostrophierte Zitate. Damit steht den internen Fälschungen von Texten jedes Tor offen, und es wäre überheblich, von sich selber zu meinen, man sei gegen solchen Betrug immer gewappnet. Nein, das wirkt.

Womit erneut ersichtlich wird, wie drastisch das Design die Vorgaben dafür liefert, wie etwas wahrzunehmen und sogar zu verstehen ist. Denn wir sehen, ertasten, hören, schmecken und riechen unweigerlich zuerst die Oberfläche, stürzen uns auf diese und verbleiben häufig dabei. Das ist völlig plausibel. Man muss doch beispielsweise bloß ein Verkehrsschild, das vorschreibt, man habe nach rechts abzubiegen, um 180° drehen – schon fahren alle nach links. Dasselbe gilt für Hinweise in Bahnhöfen und Flughäfen, da diesen die jeweiligen Passagiere immer problemlos folgen. Eine fett gedruckte Aussage wird stets als Headline akzeptiert und demgemäß diskutiert, während magere und klein gesetzte Passagen recht unauffällig bleiben.

2. bebildern

Noch überzeugender wirkt das Design in allen Bildwelten. Haben doch schon die ersten Fotografen gewusst, wie man jemanden kleiden und in welchem Interieur jemand platziert werden muss, wenn diese oder dieser als wichtig auftreten soll. Dann verstanden schon jene Fotografen, wie man das alles ausleuchten und im Nachhinein bei der Entwicklung des Fotos die Details kaschieren muss. Erstaunlich genug, dass dennoch die Menschen solche Fotos als Dokumente wahrnehmen mögen, gewissermaßen als Zeugen irgendeiner Wahrhaftigkeit. Offensichtlich suchen die Menschen nach solchen „Beweisen", die – wie auch immer vermeintlich, so doch ernst genommen – die

Vergangenheit und scheinbare Gegenwart dokumentieren. Die Sehnsucht, Zeit festzuhalten und Erinnerungen materiell zu unterstützen, ist wohl gewaltig.

Woran noch nicht einmal die bekannten Fälschungen gerade im Bereich der Fotografie (und dann später ohnehin im Film und in digitalen Zusammenhängen) substanziellen Zweifel genährt haben. Bekannt sind doch beispielsweise Fotos aus der sowjetischen Stalin-Zeit, auf denen Leo Trotzki, wenn solche Fotos veröffentlicht werden sollten, nach dessen politischer Demontage herausgeschnitten worden war. In neuerer Zeit geistern ebenfalls Fotos durch die Welt, auf die sich ganze politische und juristische Debatten bezogen haben. Etwa jenes berühmte Foto eines DDR-Volkspolizisten, der in Ost-Berlin über einen Zaun nach West-Berlin gesprungen war. Ganz überraschend, so wurde das dargestellt, und nur zufällig war ein Fotograf anwesend. Die Wirklichkeit dieser Aufnahme widerspricht jeglicher Spontanität, denn in den Original-Fotos sieht man im Umkreis dieser Aktion Fernsehkameras und eine ganze Horde von Fotografen. Auf jeden Fall war das geplant, wenn nicht sogar künstlich so aufgebaut. Oder das berühmte und in allen Magazinen und anderen Medien publizierte Foto von Hans Martin Schleyer, das die RAF, deren Mitglieder die Entführung durchgeführt hatten, den Medien angeblich in dieser Form geschickt hatten: ein Polaroid, allerdings immer schwarz-weiß abgedruckt und etwas zerknittert aussehend. Merkwürdig, da zu jener Zeit die Polaroids fast ausschließlich in Farbe existierten. Was zumindest den Verdacht nährt, irgendwer habe dieses Polaroid nachträglich in schwarz-weiß umgesetzt und seine Qualität etwas verschlechtert, damit es trostloser aussehe. Was schon für die Zeit vor der Digitalisierung fast beliebig fortgesetzt werden könnte.

Klar, dem Film nimmt man solche Spiegelung realer Prozesse nicht so leicht ab, wohl jedoch wahrscheinlich dem Dokumentarfilm und filmischen Reportagen. Was ebenso absurd ist. Nur ein Beispiel: Wie häufig erklärt jemand in solch einem Dokumentarfilm etwa auf der Reise durch eine Wüste, über hohe und einsame Berge oder in Kriegshandlungen, wie schwierig, kompliziert oder eben einsam es in diesem Moment der Aufnahme sei. Allerdings vergisst man dabei die Mitteilung, dass doch dabei stets ein Kamerateam, Ton- und

Lichtleute mitsamt ihren Fahrzeugen ebenfalls anwesend sind und die gesamte Apparatur und die dazugehörigen Menschen zur gleichen Zeit am selben Ort sich bewegen. Das Design des Films jedoch schafft beabsichtigt die permanente Illusion, alles sei genau so, wie man es sieht. Obwohl man doch nur das sieht, was man sehen soll und was in den Ausschnitt der Kamera und in deren Bewegung gerade passt und zusätzlich über die Tonaufnahme verstärkt wird.

3. abbilden

Eine andere Perspektive, nicht ganz so ernsthaft: Da erschien doch in den 1980er-Jahren in den USA eine Briefmarke mit dem Porträt des Malers Jackson Pollock. Sehr gut getroffen. Aber bald entdeckte die Antirauch-Lobby, dass auf dieser Briefmarke Jackson Pollock rauchte. Unverzeihlich. Sofort wurde das Bild, das für die Briefmarke als Vorlage diente, bearbeitet, und schon kam 1999 die gleiche Briefmarke heraus, auf der Jackson Pollock nicht mehr rauchte. Übrigens existiert in Deutschland nun ja auch eine zwei Euro-Gedenk-Münze mit dem Porträt des ehemaligen Bundeskanzlers Helmut Schmidt – als Nichtraucher, obwohl ihn doch alle ständig mit einer Zigarette in der Hand kannten. Das Beste folgt: Daumen, Zeige- und Mittelfinger seiner rechten Hand stehen so merkwürdig ab, dass sich in der Vorlage zweifellos eine Zigarette zwischen diesen Fingern befunden haben muss.

Zweifellos wird das Design ohnehin auch sehr wesentlich in der Werbung tätig, von der hoffentlich sowieso niemand glaubt, sie würde Wahrheiten formulieren, sondern ausschließlich irgendwelche Realitäten, die mit empirischen Erfahrungen nur äußerst vermittelt zu tun haben. Und selbst noch im Rahmen von Service Design fliegen überall Fälschungen durch die Luft: Da werden den Menschen Verbesserungen von Dienstleistungen imaginiert – in Krankenhäusern, in der Luftfahrt, bei Reisen, in der Hotellerie und so vielem mehr. De facto jedoch, das lernt man immer dann, wenn man jene Dienstleistungen nutzen möchte, muss man leider feststellen, dass an die Stelle etlicher Dienstleistungen Computer getreten sind, Algorithmen. Die man dann bedienen soll. Man kauft Tickets über das Internet und nicht mehr über das Reisebüro, was eventuell einige Euro einspart, aber unendlich viel Zeit kostet; an manchen Flughäfen soll man mittlerweile sein Gepäck selber einchecken, also die Koffer mühsam in die Höhe heben und an Automaten übergeben, die einen dann auffordern, dieses und jenes zu tun; in Kaufhäusern wird man nicht mehr an der Kasse bedient, stattdessen muss man selber seine Kreditkarte zücken und das Eingekaufte Stück für Stück aus dem Wagen oder aus dem Korb heben und höflich dem Computer anbieten, der das dann registriert. Wenn sich das alles noch „Dienstleistung" nennt, ist das schlicht Betrug. Denn man selber wird zum Dienstleister der Automaten.

4. täuschen und enttäuschen

Gewiss, an und für sich ist solche Klage über Fälschungen derweil fast obsolet geworden angesichts zunehmender Digitalisierung, und dann auch noch eines nun zum Glück ehemaligen US-amerikanischen Präsidenten, der schon namentlich ständig lügenhaft auftrumpfte und den übelsten Unsinn verzapfte.

Immerhin könnte man jenem Präsidenten dafür danken, dass er mit seinen Aktivitäten und ebenfalls den neuen Formulierungen von Kategorien wie „alternative Fakten" endlich dafür gesorgt hat und sorgt, sich in allgemeiner Öffentlichkeit des Problems von Fälschungen bewusster zu werden. Nichts stimmt mehr, digital sind sämtliche Daten ständig angreifbar und veränderbar. Zusehends wird kenntlich, wie illusionär unseriöse Statistiken sind oder wie sehr diese normalerweise bloß Partikularinteressen vertreten und legitimieren. Aussagen und sowieso jegliche Bilder können einfach nicht mehr ernst genommen werden, sie publizieren ständige Täuschungen und imaginieren lediglich Wahrheit.

Also müssten die Menschen nun lernen, permanent mit Unsicherheiten umzugehen, nicht einfach irgendeiner Nachricht Vertrauen zu schenken, nicht länger an Abbildungen zu glauben. Dabei wäre solcher Umgang mit Unsicherheit womöglich sogar sehr produktiv, führte das doch zu sehr viel mehr Diskursen, zur Selbstkritik, zu analytischen Reflexionen, die jeweiligen Interessen und Absichten zu verstehen. Eben aufgrund des Materials der Fälschungen. Da diese genau dazu animieren, selber nachzudenken und nicht länger irgendwelchen Vorgaben nachzulaufen.

Verwirrend allerdings scheint dies zu sein, und offensichtlich können nicht viele Menschen mit solchen Unsicherheiten umgehen. Woraus sich ein merkwürdiger Widerspruch entwickelt hat, der substanziell für das Leben und übrigens auch für die Politik geworden ist: Eigentlich müssten alle wissen, dass jeglichen Informationen nicht einfach blind zu trauen ist, alles befragt und diskutiert werden muss – doch in demselben Moment sucht offenkundig die Mehrheit der Menschen nach Sicherheiten und tendiert dazu, trotz des hintergründigen Wissens um die Fälschungen, diesen einfach so zu glauben und zu folgen. Die Ängste vor Unsicherheit produzieren einen ständigen Verdrängungsprozess, der eventuell sogar dieselben Menschen, die um die Fälschungen an und für sich wissen und zugleich diesen Fälschungen folgen mögen, durchaus bewusst dieses Wissen um die Fälschungen verdrängen lässt. Das ist paradox – oder verführt zu Religiosität, die doch ebenfalls allein dadurch Triumphe feiert, dass sie entgegen potenziell besserer Einsichten eine Gläubigkeit an Mythen und dubiose Geschichten oder Narrative aufrechterhält. Man weiß es eigentlich besser, glaubt jedoch das Gegenteil, weil man daran durchaus verzweifelt glauben möchte. So, wie man an und für sich und für sich selber um die Fälschungen weiß, dieses Wissen jedoch ignoriert.

Was in diesem Kontext das Design betrifft, so ist das ebenfalls erstaunlich: Wird doch Design in seinem Selbstverständnis und im Marketing gerne dafür eingesetzt, Sicherheiten zu vermitteln. Zum Beispiel die Gewissheit, dass ein Laptop sinnvoll funktioniere, man auf einem Stuhl sitzen könne, ein Auto fahre, eine Schrift lesbar sei und eine Dienstleistung funktioniere. Insofern galt und gilt Design als Problemlöser. In diesem Kontext der Fälschungen aber wird gerade die Rolle von Design als wesentlicher Initiator und Praktiker von Fälschungen – und das ist selbst noch bis in banale Produktfälschungen nachweisbar – nur theoretisch diskreditiert, de facto aber sehr gerne berücksichtigt und de jure meist nicht verfolgt. Womit sich erneut jene vehemente Widersprüchlichkeit von Design artikuliert. Es umgreift alles, es informiert uns, setzt also uns in Form, es gestaltet die Normen und gibt somit diese vor, und vieles Design jubelt im Erfolg der Fälschungen.

Von Sinnen

Es riecht!
Formulierungen zur Olfaktorik

Riechen produziert recht unterschiedliche Resultate. Gelegentlich stinkt es erbärmlich und so heftig, dass man sich schnell die Nase mit zwei Fingern zuhält oder sich eiligst aus dem Staub macht. In anderen Momenten strömt ein unfassbarer Wohlgeruch um einen herum. Wirklich, Riechen ist sehr mysteriös.

Irgendwie nämlich bildet sich der olfaktorische Sinn ganz tief im Unterbewusstsein und schlägt von dort aus ständig in die lebendige Präsenz hinein. Zwar lernen Embryos zuerst das Tasten und das Hören und vermischen sie nach einiger Zeit noch den Geschmack und den Geruch. Doch nach der Geburt wird der Geruchssinn für das Baby existenziell, denn nur auf dem Weg des Schnupperns findet es die mütterliche Brustwarze, die es als solche noch gar nicht sehen kann. Also funktioniert der Geruchssinn schon sehr früh, eben nach wenigen Stunden oder Tagen, als eine Art Wegweiser zum Glück sowie zum Überleben oder zur Sättigung.

Da andererseits die Gesellschaft schon sehr frühzeitig eine Hierarchie der Sinne entwarf und dieser immer noch vordergründig die Gewichtung der sinnlichen Gewissheit übereignet, geriet der Geruchssinn ins Hintertreffen. Denn die Hierarchie begründet sich allemal aus dem merkwürdigen Versuch der Menschen, sich permanent von den animalischen Wesen abzusetzen – und Tiere schnuppern bekanntlich sehr gerne bis hin zu offensichtlich eindeutig sexuellen Interessen. Der Mensch erklärt sich selber zuallererst als der Sehende, womit die neue Qualität des für den Menschen so typischen aufrechten Gangs als grundlegend gedeutet wird. Sodann akzeptiert man die akustische Kompetenz, allerdings immer auch in einer gewissen Ambivalenz: Sklaven sind hörig. Über den Tastsinn wird außer im Design und in der Erotik kaum gesprochen, der Geschmack erhielt eine eigenartige Doppeldeutigkeit und zugleich die Zueignung zur den irgendwie gebildeten Ständen, die sich sowohl in der Wahrnehmung von Kunst und insgesamt von schönen Gegenständen als auch in dem unmittelbaren Genuss von Speisen artikulieren und zu bestimmten Zeiten, partiell auch heutzutage, als sehr wichtig erachtet werden.

Der Diskurs und die explizite Wahrnehmung von Geruch jedoch haben lange gesellschaftlich keine Rolle gespielt, er wurde eher unterdrückt als quasi Unsinn, als nicht relevant. Dabei wissen wir aus der Poesie (schon lange vor dem Bestseller „Das Parfum" von Patrick Süskind beschreibt Marcel Proust ja in seiner „Suche nach der verlorenen Zeit", dass der „Held" im Bett liegend sich über den Geruch der „Madeleine"-Backwaren an seine Kindheit erinnert) wie aus entsprechenden wissenschaftlichen Studien und aus dem alltäglichen Leben, wie eindringlich das Riechen unser Leben bestimmt. So sausen ständig Pheromone ganz unansehnlich durch die Luft und schüren Leidenschaft oder verkuppeln sogar Beziehungen. Was diese völlig unauffällig tun, allerdings im Resultat gegebenenfalls verbindlich. Gerüche motivieren die Menschen eindringlich zu Erinnerungen, denn: Da sie vordergründig nicht erscheinen und somit sich ohne Unterlass stets der Reflexion entziehen, durchdringen sie rücksichtslos die Gedankenwelten und binden diese an bestimmte Wahrnchmungsphänomene, die sich unterhalb von Nachdenklichkeit regen, sich so munter durchsetzen und diesseits bewusster Wahrnehmung unser Leben und unsere Erinnerungen steuern. Man meidet womöglich einen bestimmten Ort, ohne zu wissen, warum; dabei müsste man lediglich den Geruch analysieren, in Beziehung zur eigenen Geschichte setzen, um zu verstehen. Aber das geht schwer, weil jener Geruch sich nicht aufdrängt, vielmehr sich hintergründig artikuliert. Auch bestimmte Speisen mag man oder mag sie nicht, ohne wirklich über eine Erläuterung dafür zu verfügen, da jene Speise sich auf der Ebene des Geruchs durchsetzen kann. Bekannt ist immerhin inzwischen, dass Menschen, denen aufgrund gesundheitlicher Komplikationen der Geruchssinn schwindet, kaum etwas schmecken und häufig aufgrund dieser Verluste depressiv werden. Eklatant beim Wein, an dem man eben zuerst deutlich und lange schnuppern muss, bevor man trinkt und dann über den Geschmack urteilt. Die Olfaktorik nimmt auch in diesem Zusammenhang die Hauptrolle ein und erläutert die jeweils spezifische Qualität, dirigiert sogar den Geschmack.

Nun existiert ein halbwegs nachdenklichcs Bewusstsein vom Geruch und dessen Leitfunktion zumindest in der Produktion und in der Wahrnehmung von Parfum. Da gibt es Spezialistinnen und Spezialisten, die das in schier ungeheuerlicher Vielfalt und Eindringlichkeit kreieren. Dort werden die unglaublichsten Komponenten miteinander vermischt, sodann luftig getestet und in diverse sehr aufwendige Verpackungen hineinpraktiziert und oft für sehr viel Geld verkauft.

Dies hat erstaunlicherweise, doch wohl begründet, schon sehr viel mit Design zu tun. Denn man könnte sich vielleicht auf folgende Beschreibung über das, was Design ist, verständigen: Design umfasst die reflektierte und präzise, jedoch ebenso durch Experiment oder einfach fantastische Assoziation getriebene Komposition unterschiedlicher Elemente unter der jeweiligen Berücksichtigung der Qualität dieser Elemente und deren Verbindungen, mit der geplanten Perspektive, etwas irgendwie Sinnvolles und Brauchbares zu produzieren – was zweifellos auch auf das Parfum genau zutrifft. Mithin gehören diejenigen, die Düfte und andere Gerüche gestalten, unabdingbar auch zur Komplexität von Design und sind innerhalb dieses Blickwinkels diskutierbar. Womit die Designerinnen und Designer unweigerlich ebenso zu denen gehören, die – denn gelegentlich und in Betrachtung von den erotisch so besetzten Pheromonen ist das völlig plausibel – Liebesbeziehungen oder deren Ende zumindest mitgestalten.

Nun klingt dies immerhin sehr attraktiv und könnte das Selbstbewusstsein der Profession Design beträchtlich fördern. Leider aber wird in diesem Zusammenhang olfaktorisches Design inzwischen ganz anders eingesetzt. Nämlich für das, was man seit einiger Zeit als „Corporate Smell" bezeichnet und was bestimmte Bereiche der menschlichen Aktivitäten vernebelt. Etliche Unternehmen haben derweil verstanden, wie untergründig beeinflussend Gerüche sein können. Denn diese bilden nicht nur abstoßende, sondern genauso anziehende Milieus. Mithin müsste man doch bloß herausfinden, was einer Vielzahl der Nasen und den damit verbundenen Verwicklungen von Leidenschaften möglichst vielen Leuten gefällt. Möglichst ohne dass sie dies bewusst bemerken.

Ein simples und schon vor etlichen Jahren zum Beispiel in Köln gestartetes Verfahren, das so erfolgreich war, dass es vielfältig wiederholt wurde: Eine Bäckerei pustet mithilfe von Ventilatoren vordergründig unmerklich künstlichen Backstubenduft in einem Umraum von etwa 15 m² auf die Straße vor der Bäckerei. Sodass die eigentlich nur Vorbeigehenden durch diesen Duft der Backwaren, der womöglich wie bei Marcel Proust unterhalb der reflektierten Wahrnehmung an zauberhafte Träumereien der Kindheit erinnert, quasi automatisch den Laden betreten und entsprechende Brötchen oder Kuchen erwerben. Gleichwohl ohne zu wissen, warum. Vermehrt agieren nun Kaufhäuser oder große Shopping Malls und ebenso Läden prominenter Marken gleichermaßen. Ein mithilfe von Design sehr genau komponierter Duft breitet sich in dem gesamten Areal der jeweiligen Geschäftswelt aus, soll den Besucherinnen und Besuchern ein intensives Wohlgefallen vermitteln und unterbewusst den durchdringenden Genuss, sich genau in diesem Geschäftsbereich aufzuhalten und zudem noch dazu zu motivieren, möglichst fröhlich, eben beflügelt durch den Geruch, etwas zu kaufen. Das funktioniert hervorragend gerade deshalb, weil es unterhalb der explizit wahrgenommenen Wahrnehmungskompetenz abläuft, sich also jeglicher Reflexion darüber an und für sich entzieht. In Asien hat das schon sehr früh begonnen, weil dort Gerüche eine sehr substanzielle und ebenfalls in der Religion wichtige Rolle spielen und somit auf der Ebene des Angebots solcher duftenden Strukturen schon seit langer Zeit ein Bewusstsein existiert. Doch jetzt finden wir das überall, zieht es uns an, macht es uns geneigt, etwas zu mögen oder gar einer Situation zu verfallen und diese hinterrücks aufzuladen. Plötzlich wird der Kauf zum erotischen Akt – und geschieht dies ohne eine bewusste Erkenntnis davon.

Doch mittlerweile ist das Design angehalten, selbst die Innenräume von Autos oder von Flugzeugen olfaktorisch zu gestalten und auf diesem Weg eine neue Form geruchsbedingter Schönheit zu entwerfen oder zu komponieren. Nichts ist erfolgreicher auch im Geschäftsleben als das, was der bewussten Wahrnehmung und somit des Nachdenkens entfleucht. Wirklich attraktiv ist eben das, was wir nicht verstehen. Bleibt lediglich im Kontext von Geruchssinn, dass ganz verflixt wir selber nicht wissen und nicht einmal wirklich riechen, wie wir selber riechen. Wir riechen eigentlich immer nur die anderen. Was durchaus verunsichert und uns umso mehr dazu treibt, den Gerüchen anderer zu folgen – oder vor diesen wegzulaufen.

Eintöniger Jammer
Wenn die Musik in die Hände von Design fällt

Töne umgeben uns allerorten, Melodien verleiten uns, und Lärm frustriert. Immerhin beeinflusst die Wahrnehmung von Tönen jeglicher Art das Denken und Handeln sehr intensiv. Nur kurz zur Erinnerung: Schon Embryos können, lange bevor sie sehen, hören, und weit vor den visuellen bestimmen akustische Artikulationen tiefgründig das Realitätsverständnis sowie alle Erfahrungen der Menschen. So verknüpfen sich auditive Erlebnisse sehr gern mit Erinnerungen an bestimmte Töne und Tonfolgen. Außerdem hören Menschen schneller als sie sehen – oder genauer. Das Gehirn verarbeitet Akustik eiliger als Optik. Was man jederzeit auf der Straße als Fußgängerin oder Fußgänger erlebt, da man ein heransausendes Fahrzeug zuerst hört und erst dann sieht. Ein Prozess, von dem übrigens auch der Film gelernt hat, deshalb seit einiger Zeit die Hauptdarstellerinnen und -darsteller mit je einem eigenen akustischen Flair versieht (eben inmitten der gesamten akustischen Gestaltung der Filme) und diese auditive Bezeichnung stets sehr kurz schon vor dem sichtbaren Auftritt jener Akteure tönen lässt, auf dass diese schon präsent sind, bevor man sie sieht – sozusagen das individuelle akustische Leitmotiv der jeweiligen Person. Man hört oder erkennt Töne einfach schneller.

Zugleich können sich die Menschen der Akustik kaum entziehen. Denn sie vermögen zwar die Augen, nicht jedoch die Ohren zu schließen, nicht einmal nachts. Umso merkwürdiger, aber dies gehört womöglich zu einer irgendwie der menschlichen Selbstgewissheit geschuldeten Ignoranz, dass sowohl ein Sigmund Freud als auch alle anderen Menschen und Medien fortwährend über „Voyeurismus" schreiben und reden und gelegentlich klagen, nie jedoch über „Audiorismus", obwohl doch Töne ebenfalls sehr eindeutig erotische Dimensionen vermitteln und sicherlich schon die kleinen Kinder über das Gehör am Sex der Eltern partizipieren. Bloß hingucken dürfen sie meistens nicht. Zusätzlich ist bedenkenswert, dass die Menschen und wohl auch viele andere

Lebewesen nicht allein mit den Ohren hören, vielmehr mit dem gesamten Körper. Da vibriert die Oberfläche der Haut, trommelt es in unserem Bauch und zittern auch noch andere Organe. Erinnert sei hier an jene wunderbare Arbeit „Handphone Table" der Komponistin Laurie Anderson, bei der ein unsichtbarer Lautsprecher unter einer Tischplatte so angebracht ist, dass man nichts hört oder sieht; wenn man allerdings die Ellenbogen in eine kleine Mulde in der Tischplatte und die Hände an die Ohren legt, dann hört man durch die Knochen Musik. Oder Menschen, die offiziell taub sind, aber dennoch leidenschaftlich zur vibrierenden, trommelnden, hämmernden Musik tanzen und durchaus über akustische Wahrnehmungen berichten – der gesamte Körper als Hörmedium. Sehen können wir tatsächlich nur mit den Augen, also im Verhältnis zur Komplexität des Hörens recht eingeschränkt.

Noch einmal zurück zum Film, die Vorteile oder gelegentlich dann doch Nachteile des Hörens zu erörtern: Schon zur Zeit des Stummfilms (mitsamt dem Pianisten auf der Bühne) und umso eindringlicher im Tonfilm begriff man, wie sehr komponierte Tonfolgen Eindrücke vertiefen und die Fantasie der Zuschauerinnen und Zuschauer beflügeln. Ebenso gilt, dass die zeitliche Struktur eines Films wesentlich durch die Akustik bestimmt wird; etwa ein Autorennen oder die rasende Fahrt eines Motorrads scheint durch entsprechende Töne beträchtlich beschleunigt oder eine bedächtige Szene verlangsamt. Die Akustik dominiert die Wahrnehmung.

Dabei ist gewiss nicht egal, ob dies nun einfach der alltägliche Lärm oder gezielt eingesetzte Töne und Tonfolgen sind. Offenkundig erzeugen bestimmte Harmonien oder verstärken im Rekurs auf auditive Erinnerungen akustische Formulierungen bei den Hörerinnen und Hörer gegebenenfalls zielgerichtet gewisse Emotionen – von Melancholie bis zu Glückseligkeit. Kalkulierbare Rhythmen versetzen die Zuhörenden schnell in Bewegung bis hin zur Ekstase. Ebenfalls evozieren manche Töne – mag sein das Brummen eines Teddybärs, das Rascheln von Papier, das Klimpern von Geld, das Schmatzen von Küssen und dergleichen – Glücksgefühle oder Ängste, Hunger oder Sehnsucht, Vorstellungen von Geschichte oder von Zukunft. Stets unterhalb jeglicher Nachdenklichkeit, also viel bewegender, weil gedanklich schwer kontrollierbar. Eine Emotionalisierung, die nicht allein in der Musik selber seit langer Zeit strategisch eingesetzt wurde. Es gibt Marschmusik, die Soldaten zu vereinheitlichen, nationale Hymnen, die begeistert von allen zu singen sind, Tanzmusik, die alle Anwesenden in denselben Taumel versetzt. Stets jeweils ohne Widerstand. Denn die Akustik ist einfach überzeugend. Selbst der Ton beim Anstoßen mit Weingläsern, um dadurch intensive Verbindung und Verbindlichkeit zu erzeugen.

So erscheint selbst innerhalb der sogenannten „Ernsten Musik" die Komposition von Tonfolgen zweifellos immer auch als ein Versuch, akustische Gestaltungen strategisch einzusetzen. Eben Emotionen zu motivieren, die emotionalen Beziehungen der Menschen zu steuern. Die Musik soll ergreifen und die Zuhörenden mitnehmen auf irgendwelche Wege, zu Tränen rühren, erheitern, zum Tanz verführen, das Verständnis von Texten unterstützen und vieles mehr. Vergleichbar wurden die Töne von staatlichen Autoritäten und von der Kirche, doch ebenfalls von Revolutionen und anderem Widerstand genutzt.

Womöglich problematisch genug, da alles unweigerlich unterhalb der Reflexion geschieht, sich spontan einstellt und gedanklich kaum nachvollziehbar ist.

Erstaunlich, wie spät Unternehmen begriffen haben, dass sie Musik und andere akustische Mittel strategisch einsetzen können, um neue Käuferinnen und Käufer zu erschaffen oder ebenfalls die in diesen Unternehmen arbeitenden Menschen zu reglementieren. Die laute Fabriksirene verkündete zwar gleich zu Beginn der Industrialisierung Anfang und Ende der Arbeit, die Schulglocke Beginn und Schluss des Unterrichts, Kirchenglocken läuteten eindrücklich an Feiertagen oder versammelten über den Klang die Gemeinde zum Kirchgang. Wobei möglichst schon zu jener Zeit das eine Unternehmen tonal sich vom anderen unterscheiden sollte. Was sogar für die Menschen selber zutrifft, da der spezifische Ton der Stimme bei der Darstellung von Besonderheiten sehr überzeugend hilft.

Im Kontext der Wirtschaft entdeckte diesen wichtigen Zusammenhang von Ton und präsentierter Identität die Werbung. Sie lernte, dass die häufige Wiederholung einer bestimmten Tonfolge, die einem Produkt zugeeignet wurde, die Attraktion dieses Produkts beträchtlich erhöht. Wie im Film: Wenn erst einmal die Melodie in der Erinnerung der Zuhörenden sich mit dem Bild, also der Marke des Produkts, verknüpft hat, dann stellt sich schon beim Hören automatisch und eben schneller als bloß über die Augen das Bild dieses Produkts ein. Werbung wie die für „Tempo"-Taschentücher oder „Bärenmarke"-Kondensmilch propagierte dies bereits in den 1950er-Jahren. Später wurden, initiiert von der Werbung, sogar Schlager komponiert, die, wie beispielsweise „Sweet Little Honda", Platz eins der Hitparade erreichten. Es dauerte noch einige Zeit, dann taten es einige Unternehmen der Kirche und den nationalen Hymnen gleich, verkürzten bloß die Tonfolge auf vier oder fünf Töne, um damit der Marke eine klare akustische Bezeichnung zu geben, die alle sich schnell einprägen sollten. Die deutsche „Telekom" war dabei gewissermaßen Avantgarde, mittlerweile ist das durchaus üblich. Solcher Klang brennt sich ein, schafft Zugehörigkeit sowohl bei den Mitarbeiterinnen und Mitarbeitern des Unternehmens als auch bei denen, die die Ware kaufen.

An einer weiteren Tonlage war das Design, obwohl es dies selber zu jener Zeit kaum schon begriff, beteiligt: den akustischen Komponenten von Verpackung. Das Auspacken, das Öffnen einer Verpackung geriet und gerät noch heute zum akustischen Ereignis. Da raschelt mal wieder das Papier, wirbt ein „Plopp" für das Öffnen des Kronkorkens einer Bierflasche, es zischt der Schaum lautstark und attraktiv aus einer Flasche heraus. Es knallt, knistert oder knautscht laut im Mund, man hört Schlürfen und Schmatzen. Inzwischen haben internationale Flughäfen ihr je eigenes Sound Design, tönen Computer und Telefone jeweils eigenartig und locken ganze Shopping Malls mit wiedererkennbaren Klangfolgen. Ganz grausam die Fahrstuhlmusik solcher Institute oder Kaufhäuser. Alles eintönig wohlige Laute, die Genuss durch Konsum verheißen sollen. So mischen sich Tonwelten direkt in die Konsumwelt ein.

Bis sich die Komplexität und Einflussnahme von Tönen auf das menschliche Verhalten auch im Produktdesign explizit durchsetzten, verging noch einige Zeit. Dabei hätte man schon von der Gestaltung von beispielsweise Gläsern, Geschirr und anderen luxuriösen Gegenständen lernen können, weil diese ihren angestrebten Ausdruck von Luxus immer schon mit entsprechenden Tonlagen vermittelten.

Einer der ersten Designer, der sein Metier wirklich verstand, nämlich Raymond Loewy (er entwarf unter anderem das Corporate Design von Coca-Cola, Lucky Strike, coop und diversen Automobilunternehmen, Eisenbahnen und vieles mehr), versah schon in den 1950er-Jahren die Produkte mit gezielten akustischen Qualitäten. Berühmt die Tür des von ihm entworfenen Kühlschranks „Frigidaire": Beim Öffnen und Schließen produzierte die Tür genau den identischen Ton, den das Öffnen und Schließen der Tür eines Cadillac hervorrief (wobei die Form des Kühlschrank-Türgriffs ebenfalls an jenes Automobil erinnerte) – ein akustischer Imagetransfer. Dennoch dauerte es bis in die 1990er-Jahre, dass viele Designerinnen und Designer nicht mehr über die Idee von Sound Design lachten, sondern sich darum kümmerten. Anfänglich kamen solche akustischen Studien noch nicht einmal aus dem Design, vielmehr schufen Physiker an der Universität Oldenburg ein Institut zur Erforschung des Lärms diverser Produktwelten – und waren offenkundig selber herzhaft überrascht, als plötzlich viele Unternehmen bei ihnen anfragten, um Möglichkeiten der Geräuschmanipulation ihrer Produkte zu erreichen. Das waren vor allem Unternehmen, die Produkte wie Staubsauger, Waschmaschinen, Haartrockner oder Baumaschinen herstellten. Wären diese leiser oder erklängen aus den Geräten heraus attraktivere Töne, könnte man die sicherlich besser verkaufen.

Ganz systematisch involvierte dann die Automobilindustrie das Design in die akustische Ausrüstung ihrer Fahrzeuge. Was übrigens eigentlich in den Autos sowieso schon umgesetzt wurde; denn der berühmte Blinker, anderen eine Richtungsänderung anzuzeigen, produziert in fast allen Automobilen noch immer jenes „Klack Klack", das an das Relais erinnert, das diesen Ton einst verlautete, jedoch schon längst in den Autos nicht mehr existiert. Dieser Blinker könnte ebenso gut „This is the End" oder „We don't need no satisfaction" oder sonst etwas vorspielen. Mittlerweile arbeiten Hunderte in den Abteilungen der Automobilindustrie für Sound Design, wird jede Modellreihe komplett mit einem eigenen akustischen Klima ausgestattet, das die Ablaufgeräusche der Reifen ebenso berücksichtigt wie den Klang des Motors, des Getriebes, der Türen und der sonstigen Einrichtung. Wer drin sitzt und auch wer davor steht, soll wissen, welches Auto das ist. Vergleichbares gilt für Motorräder und teilweise schon Fahrräder. Wobei alles noch einmal das Sound Design mächtig herausfordern wird, wenn der elektrische Antrieb sich durchsetzt; denn dann muss zwangsläufig eine künstliche Akustik komponiert werden, damit die Menschen, die im Auto sitzen, eine Ahnung von der Geschwindigkeit erhalten, und die Menschen, die auf der Straße stehen und diese überqueren wollen, noch hören, wenn sich ein Auto nähert. Inzwischen tönen alle möglichen Geräte in eigener Akustik, piept und fiept es allerorten, werden die Menschen vielfältig durch eine angenehm wirkende Akustik angezogen und hat sich das lärmende Getöse der Umwelt völlig verändert. Einige Töne – etwa die der Dampflokomotive – sind verschwunden, andere neu formuliert.

Auch in den Medien, und ebenfalls dort nicht nur beglückend. Mit der Digitalisierung, die selbstverständlich gerade die akustische Welt heftig veränderte, haben sich neue Handhabungen im Umgang mit Tönen und damit ebenso neue auditive Maßnahmen durchgesetzt. Während etwa in vergangenen Zeiten im Hörfunk die Musik auch als, wozu sie häufig genutzt wird, Pausenfüller immerhin im Studio sehr genau eingeblendet und ausgeblendet wurde, die Cutterin oder der Cutter über ein musikalisches Verständnis verfügen musste und demgemäß an der richtigen Stelle und allmählich Musikstücke unterbrach, wird heute einfach in einen Computer eingegeben, dass man Musik eines bestimmten Genres für eine ganz bestimmte Zeit benötige – und irgendwo aus der Computerwelt wird dieses Musikstück dann eingespielt und präzise der Zeitvorgabe folgend abgeschnitten. Dies in absurder Weise zu kompensieren, bietet sich die schon aus den Fahrstühlen bekannte endlos rieselnde elektronische Musik, wenn man das noch so nennen mag, eingespielt und eben irgendwann beliebig oder zufällig unterbrochen. Im TV-Bereich werden Tonfolgen ebenso als Markenzeichen eingesetzt wie in der Werbung. Jede Serie kreischt ihre Erkennungsmelodie, die einprägsam sein muss. Dem eintönigen Jammer sind da keinerlei Grenzen gesetzt. So hat sich das Design unausweichlich und heftig wahrnehmbar in die Musik eingemischt. Wobei, dies als kleiner bedenkenswerter Nachtrag, die sich ernsthaft währende Komposition von Musik in dieser Beziehung mit dem Design in einen merkwürdigen Konflikt geraten ist.

Zweifellos intendierten schon ein Mozart, Beethoven (nicht zuletzt aus der Erfahrung des damals Neunzehnjährigen mit den Ereignissen der französischen Revolution), Richard Wagner (mit der Wucht des Aufbruchs und mit beginnender Formulierung von Synästhesie) und selbst Arnold Schönberg (aus der Erfahrung brüchiger Harmonie), sich über ihre Kompositionen in die Gesellschaft einzumischen und gesellschaftliche Akustik aufzunehmen. So richtig versuchte dies dann im italienischen Futurismus Luigi Russolo, der sich so sehr bemühte, den Lärm der Straße in den Konzertsaal zu holen und mit seiner Musik zu reproduzieren. Dies blieb nicht folgenlos, wurde, wenngleich in anderer Form, im russischen Konstruktivismus aufgenommen (beispielsweise durch Mossolow und Roslawetz) und in ganz neuer Weise in musikalischen Artikulationen der 1950er-Jahre und später etwa von Maurizio Kagel oder heutzutage von Manos Tsangaris sowie selbstverständlich in der elektronischen Musik, bei der letztlich die traditionelle Unterscheidung zwischen sogenannter E- und U-Musik verschwindet.

So sehr alle diese Versuche sehr plausibel durchgeführt wurden, sich mit den Kompositionen in das wirkliche Leben einzumischen und zugleich davon zu lernen und dieses kundzutun: So sehr näherte und nähert sich diese Form von Komposition mittlerweile dem an, was von einer eigentlich ganz anderen Seite das Design macht. Nämlich die Wirklichkeit durch Tonwelten zu vernebeln, die Unmittelbarkeit der Akustik zu nutzen und damit irgendetwas anzurichten. Selbst im Untergrund der musikalischen Erfahrungen und akustischen Wahrnehmungen kommt man nicht mehr umhin, Design und dessen kräftigen Einfluss zu erleben und diesem hilflos ausgeliefert zu sein.

Erinnert sei in diesem Kontext akustischer Gestaltung, wie sehr diese auch das Waffendesign befördert. Denn schon sehr früh verstand die Kriegsführung die lautstarke Relevanz großer Töne im Kampf. So brüllten wohl schon seit langer Zeit kriegerische Gruppen bei jedem Angriff – einerseits, um sich durch solche lautstarken Tonfolgen zu ermuntern, andererseits, um dadurch die Gegner einzuschüchtern; und die „Posaunen von Jericho" warfen laut Altem Testament die Mauern jener Stadt nieder und sorgten für den Erfolg der Angreifer. Später donnerten die Kanonen, und prinzipiell erzeugen alle konventionellen Waffen eigentümlichen Krach (es sei denn, es würde ein Schalldämpfer benutzt). Bekannt ist ebenfalls, dass die nationalsozialistische Kriegsmaschine jene „Sturzkampfbomber", verkürzt „Stukas" genannt und von der Firma Junkers als „JU 87" hergestellt, mit schrillen Sirenen ausstattete, die die

Windgeräusche beim Fliegen eklatant in kreischende Töne umsetzten. Jeder Sturzflug dieser Maschinen, zum Abwurf von einigen Bomben vorgesehen, jagte den Menschen am Boden ohnehin schon einen heftigen Schreck ein. Zugleich wurden Töne oft auch als Warnsignale konstruiert: die lauten Rufe in den Bergen, die Trommeln, später die Sirenen von Polizei- und Feuerwehr-Fahrzeugen oder Sirenen, die vor Katastrophen warnen sollen. Doch wie immer, so ist auch diese Gestaltung erneut höchst ambivalent. Denn neben zweifellos sinnvollem Lärm als Warnung vor Gefahren jeglicher Art, führte diese Entwicklung auch zum Design akustischer Waffen. Denn Töne können schrecklich schrill selbst noch in jenen Höhen sein, die wir Menschen nicht direkt und bewusst hören, die uns gleichwohl zutiefst tangieren. Kleine Geräte, die genau solche nicht bewusst wahrgenommenen Töne produzieren, gehören heutzutage zur normalen Ausstattung des Militärs, auch der Polizei und anderer Einheiten. Sie werden zu den Waffen gezählt, die Gegnerinnen und Gegner niedermachen, aber nicht gleich töten. Das Design, das als „Sound-Design" in anderen Bereichen manchmal klug erscheint, ist dummerweise nicht unwesentlich auch an dieser brutalen Entwicklung akustischer Waffen beteiligt, steckt so wieder einmal in der Klemme, im eigenen Zwiespalt.

Beenden wir diesen Text dennoch etwas versöhnlich und paradox mit einer historischen Aktivität in Japan: Als Kyoto noch Kaiserstadt war, wurde der Kaiserpalast selbstverständlich bewacht von entsprechend ausgebildeten Spezialisten – und einem Ensemble von Holzplanken, die den Weg pflasterten: Diese produzierten, falls ungebetene Gäste in das Terrain der Wachen einbrachen, den Gesang von Nachtigallen. So fühlten sich jene Eindringlinge unbesorgt und unerkannt – doch in dieser Gegend von Japan gab es keine Nachtigallen, und das wussten die Wächter, nicht jedoch die eingedrungenen Feinde. Architektur und Design könnten aus diesem poetischen Warndesign noch sehr viel lernen.

Hands off
Auf den Spuren vom spürbaren Design

Neben der Sichtbarkeit haben sich das Design und oft auch die Architektur gerne um einen weiteren Sinn gekümmert: um die Haptik. So wurden Oberflächen und genauso Formen schier leidenschaftlich als Handschmeichler oder als Vermittlung von Gefahren oder Anweisung von Handhabung gestaltet. Die raue Oberfläche eines Treppengeländes sollte leitende Funktionen übernehmen, glatte Oberflächen Sonnenstrahlen und zum ständigen Putzen einladen (etwa bei Automobilen), bestimmte Geräte schmiegen sich durch ihre Form den Händen an, eckige Formate widersetzten sich einfacher Behandlung und verweisen auf Komplikationen. Türgriffe gleiten meistens in die Hand und versprechen durch ihre Formgebung, man habe irgendetwas Organisches ergriffen; manche Möbelstücke vermitteln durch ihre Rauheit die Herkunft aus Naturmaterialien. Alles geht auf die Hände, die in unserer Kultur neben dem Kopf ganz vorne rangieren im Körper. Man redet vom Handel, von Begriffen, von Behandlungen im Krankenhaus, Verhandlungen vor Gericht. So gewinnt auch das Handwerk durch die Hand große Aufmerksamkeit, eben noch händisch tätig zu sein und Werke zu schaffen. Offenkundig verknüpft sich diese Begeisterung schon mit der über die Hände kleinster Kinder, die gerne damit herumfuchteln und sich sichtbar machen. Wer mag nicht, wenn solch ein kleines Kind mit der winzigen Hand einige Finger der eigenen ergreifen sollte. Sodann machen wir alles handlich, sehen die Hände jederzeit bei der Arbeit, während der Kopf bekanntlich unsichtbar bleibt und die Füße zu weit weg sind. Wir strecken die Hände, heben sie in die Höhe, die Polizei handelt mit Handschellen, und Handarbeit wird überall gewürdigt. Der Griff mit den Händen verbindet sich am tiefsten mit taktilen Vorstellungen; deshalb schütteln wir die Hände anderer zur Begrüßung – oder sollten wir besser formulieren: vor der Pandemie tendierten wir zum Händeschütteln. Wir streicheln mit den Händen den Körper geliebter Menschen. Gewiss, die Behandlung der Oberflächen, diese in unterschiedlich aufregende

Zustände zu bringen, verbindet sich absichtlich oder aus Versehen immer ebenfalls mit anderen Sinnen. Synästhesie durchdringt alle Sinne zweifellos, und so agieren die gestalteten Oberflächen häufig ebenfalls für andere Sinne: Glatte Oberflächen leuchten und bieten ein Spiegelbild, kratzt man auf rauen Oberflächen, dann produziert man Töne, jedes Gemüse muss, um geschmackvoll zu sein, eine bestimmte Außenstruktur aufweisen und – nichts für Vegetarier – lediglich knusprig gebratene Gänsehaut mundet. Das ist nicht immer eindeutig, beruht jedoch auf sinnlichen Erfahrungen.

Doch zurück zu den Händen. Denn es ist zusehends auffällig, dass deren eigentlich mal direkter und aktiver Kontakt zur jeweiligen Substanz von Arbeit verloren geht. Das Handwerk hält weitgehend bloß noch Geräte in den Händen, die selbstverständlich demgemäß gestaltet sind; die Oberflächen, allesamt jeweils nach Mode formuliert, haben die Vielfalt der Eindrücke verloren, und die Hände bewegen sich heutzutage vor allem in den etwas kindlichen Aktionen von Tatschen, Patschen und Wischen, wobei die jeweiligen Oberflächen nur noch marginal wahrgenommen werden, kaum noch eindrückliche Spuren hinterlassen. Gesichter auf den Monitoren oder im Fernsehgerät oder auf der Leinwand kann man nicht berühren, geschrieben wird nicht länger im Bewusstsein handlicher Aktivität, vielmehr sausen die Finger gerade noch über so etwas wie Tasten. Flüchtig.

Irgendwann verlieren die Hände ihren Sinn. Türen öffnen sich von selbst und Fenster auch, die Einstellungen von Küchengeräten oder Heizung oder anderem Hausrat geschieht per sprachlicher Fernbedienung, Automobile sollen automatisch fahren, nämlich selber, und Texte kann man längst diktieren, ohne die Finger zu bewegen. Irgendeine Alexa oder Siri wird schon zuhören und die Befehle umsetzen – ohne diese zu begreifen und ohne die Hände zu benutzen. Nimmt man das Erlebnis einer heftigen Epidemie hinzu, die jeglichen körperlichen Kontakt wie Umarmungen oder das Schütteln anderer Hände nicht länger erlaubt, so erscheint die Perspektive der Hände bloß noch in irgendeiner Intimität aufzuscheinen und dort zu ruhen. Dies unterstützt jene denkwürdige Aktivität der Gestaltung, die Relevanz handgreiflicher Formulierungen beträchtlich zu mindern und den Händen nichts mehr in die Hände zu geben.

Klar, unterhalb jener allgemein oberflächlichen Betrachtung von Haptik nahezu ausschließlich in Bezug auf die Hände gibt es ja auch andere Körperteile, die etwas spüren, tatsächlich alle anderen Körperteile. Nun werden die Füße üblicherweise immer verhüllt, außer nachts, spüren meist bloß die Textilien und die sie umgreifenden Schuhe – bloß barfüßig erfährt man noch andere Strukturen, etwa den Sand oder Kieselsteine. Den Kopf hält man vorsichtshalber für gewöhnlich von irgendwelchen Berührungen fern, denn die könnten Schmerzen verursachen, lediglich die eigenen oder befreundeten Hände und manchmal ein geliebter Mund dürfen sich diesem nähern. Auch der Rest des Körpers ist normalerweise eingepackt. Jedoch in Stoffe, die wir, ohne dass darüber viel nachgedacht wird, ständig spüren, wenn wir eingekleidet sind. Jede Bewegung verändert die Auflage der Textilien, reibt unsere Haut spürbar an diesen.

Wenn also in der schon nahen Zukunft die Hände immer weniger handeln müssen oder dürfen, dann ist es Aufgabe des Designs, das an solchem Prozess wesentlich beteiligt ist, Alternativen zu formulieren und ernsthaft zu bearbeiten. Irgendeinen Ersatz für Handgreiflichkeiten und sensibel gestaltete Stoffe fordert das Design, um den menschlichen Körpern das Gefühl zurückzugeben, dass der Tastsinn nicht verloren ist oder im luftleeren Raum verzweifelt herumfuchtelt. Man muss Spuren hinterlassen.

Aussichten

Wenn von Design die Rede ist, dann wird gelegentlich über Funktion, insbesondere aber über das Aussehen geplaudert. Dasselbe betrifft ohnehin Schönheit, die stets Evidenz offenbaren muss, um Gegenstand von Gesprächen zu werden. Irgendwie rennen fortwährend Aufseher herum, jeden Anschein zu prüfen.

Nun wird sowieso schnell sichtbar, wie sehr die menschliche Existenz und sogar deren Denken auf Ansehnlichkeit aufgebaut sein soll: Alle Wörter, die Qualität und Zukunft verheißen, entlehnen sich aus dem Sichtbaren. Einsicht, Durchblick, Aufklärung, Perspektive, Weitsicht, Durchschauen und so viele mehr, sogar noch die Ansichten und das Ansehen berufen sich auf die Sichtbarkeit. Und dies geschieht, obwohl an und für sich längst bekannt ist, dass das Hören und ebenfalls weitere Sinne viel eindringlicher auf die Menschen einwirken, deren Körper und Geist beschäftigen. Doch im Vordergrund der Selbstwahrnehmung steht das Sehen. Sogar so weit, dass diejenigen, die – so heißt es – „Stimmen hören", viel schlechter dran sind als jene, die „Gesichte haben": Erstere gehören in die Psychiatrie, die anderen werden als Deuter und Propheten gepriesen.

Die Begründung für solche Selbsteinschätzungen der Menschen ist klar, denn man möchte sich unbedingt von den Tieren absetzen. Während die Tiere, so die Bilder, am Boden herumkriechen und deshalb nur die nahen Sinne wie Schnüffeln, Tasten, Schmecken und den mittleren Sinn des Hörens erwischen, erheben sich die Menschen im aufrechten Gang und orientieren sich am weiten Sinn, am Blick. Hörig nämlich sind die Sklaven, ansehnlich die würdigen Menschen. Im aufrechten Gang wird alles betrachtet und beobachtet, werden Sichtweisen erörtert, liest man mit den Augen und betrachtet man die Hände. Noch in der Poesie finden sich zumal etwa in der Romantik vornehmlich Anschauungen, und wirklich hoch bewertet sind demgemäß die bildende Kunst sowie die Evidenz von Architektur und Design. Schön muss es sein, und schön verknüpft sich unauflösbar mit dem Licht und der Sichtbarkeit. Denn auch das Licht spielt eine zentrale Rolle im menschlichen Leben, bildet das Paradies, wird dringend ersehnt noch in der Nacht, wenn es dunkel ist. Der Schatten gilt als teuflisch, denn er ist schwarz, bildet den eigenen vertikal im aufrechten Gang befindlichen Körper auf dem schmutzigen Boden dunkel ab. Das Spiegelbild, das unausweichlich Licht benötigt, gefiel schon dem Narziss und erhellt bei guter Beleuchtung des Spiegels das jeweils eigene Selbst.

Zweifellos ist solche allgemeine Begeisterung für das Sehen bestenfalls mysteriös, auf jeden Fall unsinnig, da doch auch das, was wir zu sehen meinen, lediglich auf Selbstbetrug basiert. So ist schon seit Mitte des 19. Jahrhunderts durch die Untersuchungen des Physikers und Physiologen Hermann von Helmholtz bekannt, dass die menschlichen Augen beispielsweise gar nicht in der Lage sind, rechte Winkel und parallele Linien zu sehen. Die Augen können das nicht, sie würden stets gekrümmte Linien identifizieren. Aber wir „sehen" ja tatsächlich rechte Winkel und parallele Linien. Wir glauben, sie zu sehen, wir wollen das glauben. Tatsächlich baut das menschliche Gehirn das, was die Augen erblicken, nach eigenem Nutzen und Vergnügen um. Während das Auge Informationen lediglich aufnimmt und weiterleitet, interpretiert das Gehirn die Sinneseindrücke der Augen; es, also das Gehirn, konstruiert sozusagen sinnvolle Eindrücke, indem es sich zusätzlich mit Erinnerungen anreichert. Offenkundig oder gar offensichtlich ist das menschliche Gehirn äußerst effizient oder ziemlich faul, denn es sucht fortwährend nach bequemen Wirklichkeiten und somit nach Sicherheit. Alles wird vereinfacht, komplizierte Zusammenhänge werden aufgelöst, denn auf jeden Fall soll Panik, sollen zu erschütternde Überraschungen verhindert werden. So werden beispielsweise ganz schnell auch verzerrte Bilder, die für sich selber keinerlei Aussage treffen, vom Gehirn blitzschnell in Bekanntes umgewandelt, auf dass wir leicht damit leben und glauben können, alles zu verstehen.

Zumal im Bereich des Sichtbaren sind die Menschen höchst entwickelt, alles in ein Verständnis und danach in eine besondere Höhe zu heben. Nahezu verrückt ist doch, dass wir alles Visuelle sehr schnell für unser Verständnis zurechtrücken und das, was wir nicht sehen können, eiligst ignorieren, andererseits jedoch diesen Prozess fortwährend übertünchen, indem wir ebenso permanent nach neuen Bildwelten suchen. Das fällt auf in der Mode und ebenso in allem, was als dekorativ bezeichnet werden kann. Dekor ist das, was unsere Augen sofort sehen, und genau dies interessiert; während das, was sich jeweils hinter dem Dekor verbergen mag, möglichst nicht befragt wird, denn schon dessen Existenz könnte Furcht auslösen. Wir wollen sehen, um dies dann als einsichtig behaupten zu können, wir benötigen die Evidenz für unsere eigene Selbstgewissheit. Genau dort übrigens arbeiten deshalb auch Architektur und Design.

Nun wird solche verschwenderische Sehsucht realistisch nicht allein durch Dunkelheit oder durch die Einsicht von Helmholtz massiv gestört, sondern umso mehr durch jene Physik, die die Moleküle entdeckte. Also etwas, was einfach nicht anschaulich wird. Da haben die Menschen nun über Jahrhunderte – auch dies Teil ihrer Sucht – alle nur denkbaren Geräte erfunden, noch Kleineres sehen zu können: Aber es hat nichts genützt. In der Ferne verdeutlicht sich, dass unendlich viele Elemente existieren, die niemals sichtbar werden, und die so anschaulich gedachten Objekte und Prozesse zerfallen in unsichtbare Atome und Moleküle. Nun werden auch diese vom Gehirn schnell zusammengesetzt und als Gegenstände abgebildet. Wir denken nicht in jener Kleinteiligkeit, sondern produzieren fortlaufend einen sicheren, ein- und ansichtigen Grund.

Dies geschieht – und schon wieder kommt das Design ausdrücklich ins Spiel – mittlerweile alltäglich, da die Menschen sich permanent im Internet bewegen. In einem Bereich, der völlig unsichtbar ist. War doch beizeiten gewissermaßen schon merkwürdig, dass man beim Telefonieren zwar die Stimme von jemandem hörte, sich jedoch das Bild der- oder desselben einbilden musste; oder im Hörfunk, wo man sich aus den Stimmen heraus entwickelt Vorstellungen über das jeweilige Aussehen erschuf und dann womöglich völlig frustriert wurde, wenn man dieser Person von Angesicht zu Angesicht begegnete. Nun aber kommunizieren wir ständig mit irgendwem über ein System, das völlig unsichtbar ist. Klar, schon arbeiten alle daran, dies doch möglichst sichtbar zu machen oder zumindest Aspekte anzubieten, die in ihrer schier aufdringlichen Sichtbarkeit die unsichtbare Realität kompensieren. Dies zeigt sich beispielsweise in all den Video-Konferenzen zumal in jüngster Vergangenheit. Dauernd werden Bilder von Gesichtern gezeigt, die auch reden, jedoch meist mit verzerrter Stimme, was es erschwert, die Stimmen wiederzuerkennen. Aber die Gesichter sind existent vor ihren jeweiligen Hintergründen, die meist präzise ebenso ausgesucht werden wie die Kleidung, die man morgens anzieht – nur man redet nicht darüber. Man meint, sich und die anderen zu sehen, sieht aber fast immer allein irgendwelche Gesichter nebst vielleicht noch Händen und Armen und den oberen Teil des Körpers. So werden die Gesprächspartnerinnen und -partner reduziert auf diesen körperlichen Teil und auf die reine Anschaulichkeit. Abziehbilder, so wie die Kinder sie von berühmten Menschen sammeln und in ein digitales oder objekthaftes Album kleben. Das bleibt im Gedächtnis – Letzteres wahrscheinlich nachhaltiger.

Noch eine Anmerkung: Bekanntlich gehören zum Sehen ebenfalls die Farben. Klar, auch diese vermischen sich in unserer Vorstellung, deshalb sind wir kaum in der Lage, Farben wirklich zu benennen. Erneut baut das Gehirn Kombinationen der Farben, schafft Abweichungen und Variationen. Festgelegt ist da nichts. Umso erbärmlicher, wie im gesellschaftlichen Alltag eine befremdliche Farbigkeit Einzug gehalten hat, Menschen unterschiedlicher Herkunft farblich zu bezeichnen. Der Rassismus basiert auf Anschaulichkeit und artikuliert sich darin. Weshalb eine Kategorie wie „PoC" überhaupt sich Bahn brechen konnte. So gerät die Sichtweise zum Ansehen.

Ja, es bräuchte Verwirrung, zerrissene Bilder, gestörte Sichtweisen, kritisiertes Ansehen und zerbrechliche Aufseher. Irritationen und Unschärfe sind zu gestalten, auf dass die Gedanken wieder stolpern und Freiheit gewinnen. Eine wichtige Aufgabe für das Design.

Die Macht als Design

Ästhetisierung und Normierung des Alltags
Die Macht der Gestaltung auch im
Nationalsozialismus

1. grundlegend

Vor Erläuterung und Analyse des mächtigen Einsatzes von Design im und durch den Nationalsozialismus bedarf es doch einiger Vorüberlegungen, das Verständnis jener Prozesse zu ermöglichen.

So müsste stets überraschen, welche Kategorien noch heute und eben auch nunmehr seit mindestens 100 Jahren ungefragt herangezogen werden, die Qualität von Design oder auch insgesamt von Gestaltung zu bewerten. Das sind wesentlich die Kategorien Funktion, Ergonomie, Effizienz, intelligenter Einsatz von Technik und Material, Preis – und heute kommt wohl noch Nachhaltigkeit hinzu. Üblich ist, jenes ohnehin seltsam moralisierende Prädikat „Gute Form" eben dann zu vergeben, wenn jene Kategorien erfüllt werden. Dabei wird völlig unterschlagen, dass jene Kriterien an und für sich nichts mit Humanität, Sinnhaftigkeit oder Ethik zu tun haben. Immerhin gelten diese Designkategorien doch ebenso beispielsweise für die Gestaltung von Waffen, Kriegsflugzeugen, Panzern, anderen mörderischen Geräten sowie für jegliche Werbung solcher Branchen.

Mehr noch: Wir müssen davon ausgehen, dass das Design in vielfältiger Weise die Normen vorgibt, nach denen wir leben, uns bewegen, essen, lesen, schlafen, arbeiten und so weiter. Denn die Wege, so etwas zu tun oder auch nur wahrzunehmen, sind vorgeschrieben, eben gestaltet. Dem kann niemand entgehen, nicht einmal beim Schreiben eines Textes. Nun kann man versuchshalber diese mangelnde Kritik am in diesem Sinne durchaus autoritären Design dadurch erläutern, dass diese verwirrende Zurückhaltung und mangelnde Erörterung dem Umstand geschuldet ist, dass wir eben ständig dadurch geformt werden und in einer Kritik daran immer auch unsere eigene Lebensführung kritisieren müssten.

Außerdem beherrschen jene Kategorien der Funktion, Ergonomie und dergleichen die gewissermaßen offiziellen Vorstellungen über die Qualität von Design und auch von Architektur. Klare Gestaltung, gerne rechte Winkel, transparente Anordnungen, saubere Form. Dies gilt übrigens selbst dann, wenn womöglich die Mehrheit der Menschen innerhalb des westlichen Kulturraums sich ganz anders einrichtet, so etwas wie Gemütlichkeit und biedere Formulierungen vorzieht.

Das Bild vom guten Design und von guter Architektur entspricht auch heutzutage noch letztlich dem, was sich schon Anfang der 1920er-Jahre insbesondere in Deutschland aufgebaut hatte. Also Werkbund und Bauhaus. Hatte sich doch Ende des 19. Jahrhunderts der Jugendstil mit seiner offensiven Fragilität und bildlichen Beweglichkeit sehr kritisch gegen das nicht nur biedere, sondern auch pompöse „Biedermeier" entfaltet und dessen verstockte und zur Idylle gewonnene Monumentalität des Bürgertums aufgelöst. So hatte nun die neue Sachlichkeit des Bauhaus' gewissermaßen eine definitive Förmlichkeit aufgebaut, die unangreifbar, weil objektiv gegeben, erscheinen sollte. Und tatsächlich gelten diese Formvorgaben substanziell noch heute, scheinen sie erhaben über jede Kritik oder auch nur Empirie. Stattdessen hat das Bauhaus die Standards vorgegeben für Einfachheit, Klarheit, Transparenz und Ökonomie der Gestaltung. Was sich allmählich international durchsetzte, vor allem in den USA, aber auch in Teilen von Lateinamerika und sogar in Asien.

Also keine Kritik am Bauhaus, denn dazu war es zu erfolgreich. Was sehr eindringlich sogar dazu führte, dass noch die Verbindungen zwischen etlichen Bauhäuslern sowie anderen diesen nahestehenden Gestalterinnen und Gestaltern mit dem Nationalsozialismus völlig ignoriert oder sogar legitimiert wurde.

Um nur einige wenige Beispiele zu nennen: Der ehemalige Bauhaus-Lehrer Herbert Bayer (in dem sehr reichen und offiziell dem Design verpflichteten US-amerikanischen Ort Aspen in Colorado noch heute hofiert) schuf widerwärtige rassistische Plakate und Ausstellungen für das NS-Regime, verließ Deutschland nicht früher als 1938 – also erst, nachdem seine Arbeiten 1937 in der berüchtigten Münchner Nazi-Ausstellung „Entartete Kunst" ausgestellt worden waren – und ließ seine Agentur noch weiterhin für jenes Regime arbeiten; selbst Walter Gropius beteiligte sich noch 1933 an dem Architektur-Wettbewerb für die „Reichsbank", während Mies van der Rohe noch bis Ende 1936 – unterstützt von dem Rassismus-Ideologen Alfred Rosenberg – sich mühte, das Bauhaus in Berlin wieder zu eröffnen, 1934 offiziell einen Entwurf für den Deutschen Pavillon für die Weltausstellung in Brüssel einreichte und in demselben Jahr den Entwurf für die Ausstellung „Deutsches Volk, Deutsche Arbeit" lieferte (obwohl er schon längst in die USA eingeladen war).

Und Ende 1943 äußerte er aus den USA heraus in mehreren Briefen an amtliche Berliner Stellen seinen dringenden Wunsch, sich an dem zu jener Zeit unter der Leitung des Architekten und Leiters des „Ministeriums für Bewaffnung und Munition", Albert Speer gerade eingerichteten sogenannten „Arbeitsstab für den Wiederaufbau bombenzerstörter Städte" („nach dem Endsieg", so könnten wir problemlos hinzufügen) mitzuarbeiten – hier waren mehrere ehemalige Bauhäusler aktiv beschäftigt; und nach 1950 wurden zumindest die beiden deutschen Städte Hannover und Düsseldorf teilweise nach den Plänen jenes Büros Speer wieder aufgebaut.

Noch drastischer verhält es sich mit dem ehemaligen Bauhaus-Studenten, auch mal Gropius-Assistenten und von Mies äußerst geschätzten Ernst Neufert: Dieser war 1936 schon in die USA gezogen, hatte aber in demselben Jahr in Deutschland sein Buch „Bauentwurfslehre" publiziert und kehrte aufgrund der Nachricht über den großen Erfolg dieses Buches in Deutschland sofort 1937 dorthin zurück, arbeitete in leitenden Funktionen für das Regime und insbesondere auch mit Albert Speer. Noch kurz vor dem Ende der nationalsozialistischen Herrschaft erhielt er eigenhändig von Adolf Hitler die Auszeichnung „Gottbegnadeter Architekt" und wurde damit in die „Gottbegnadeten-Liste" erhöht, die Hitler und Goebbels 1944 noch schnell mit den Namen der besten Nazi-Kreativen (insgesamt 1041) zusammengestellt hatten. Direkt nach dem Zusammenbruch des „Deutschen Reichs," noch 1945, wurde Neufert überaus problemlos zum Professor in Darmstadt berufen und seine „Bauentwurfslehre", wesentlich Darstellungen normativer Ergonomie, wurde und ist bis heute international sehr erfolgreich als Standard-Lehrbuch für Architektur-Studierende. Neufert blieb bis zu seiner ungeschorenen Emeritierung 1965 an der Technischen Hochschule Darmstadt; 1965 erhielt er das

Große Verdienstkreuz der Bundesrepublik Deutschland, übrigens längst nicht seine einzige Auszeichnung nach dem Kriegsende.

Noch brutaler der Österreicher Fritz Ertl: Er studierte von 1928 bis 1931 am Bauhaus, trat 1938, unmittelbar nach dem „Anschluss" Österreichs ans „Deutsche Reich", in die NSDAP und die Waffen-SS ein. Seit Mai 1940 gehörte Ertl der „SS-Neubauleitung Auschwitz" an, war also am Auf- und Ausbau des Konzentrationslagers Auschwitz führend beteiligt. Nach 1945 wurde er unbehelligt Architekt in Linz und 1971 mal kurz angeklagt, aber 1972 gleich wieder freigesprochen.

Im Umfeld von Speer arbeiteten weitere bekannte Architekten und Designer mit dem NS-Regime eng zusammen. Beispielsweise Wilhelm Wagenfeld, der noch Ende 1943 für die „SS Porzellanmanufaktur Allach" ein Diplomaten-Geschirr entworfen hatte, oder die Mitglieder des „Evangelischen Kunstdienstes", die bis zum Ende jener Regierung teilweise leitend für deren Politik in der Gestaltung arbeiteten. Vor allem Gotthold Schneider, der dann 1952 einfach so in Darmstadt das gefeierte „Institut für Neue Technische Form" eröffnete – und die Eröffnungsrede hielt der damalige Bundespräsident Theodor Heuss, ebenfalls einst Mitglied jenes „Evangelischen Kunstdienstes". Oder die erste Leiterin des 1953 als Stiftung des Deutschen Bundestags unter der Aufsicht des Bundeswirtschaftsministers gegründeten „Rates für Formgebung", Mia Seeger: Auch sie hatte vielfältig in Institutionen der nationalsozialistischen Regierung mitgearbeitet und beispielsweise im Auftrag der „Reichskammer der bildenden Künste" ab 1939 eine Buchreihe namens „Deutsche Warenkunde" herausgegeben, in der durchaus ansehnliches Design im Bauhaus-Stil zu finden war – übrigens veröffentlichte sie als Leiterin des „Rates für Formgebung" Ende der 1950er-Jahre einige Bücher mit exakt demselben Titel und weitgehend denselben Abbildungen.

Bleibt noch die 1929 gegründete Zeitschrift „die neue linie", deren Gestaltung Lásló Moholy-Nagy oblag; bis zu seiner Emigration 1934 in die USA war er dabei, aber auch der bereits erwähnte berüchtigte Herbert Bayer, bis 1938 auch er in die USA ging. „die neue linie" wurde offensichtlich problemlos bis 1943 weitergeführt, und immer wieder waren Bauhäusler auch dann noch für die Zeitschrift gestalterisch tätig.

Doch alle diese Verwicklungen von Bauhäuslern sind bis heute kaum untersucht und vor allem kaum öffentlich diskutiert, also publiziert worden. Das Bauhaus und dessen Umfeld scheinen einfach sakrosankt. Was sich offenkundig darin begründet, dass das Bauhaus auch und zumal in den USA enorme Erfolge zeitigte und auch dort stilbildend wurde. Aus diesem Grund waren viele ebenso in Deutschland nach 1945 froh, etwas vermeintlich Sauberes, Integeres und dennoch so Erfolgreiches in der letzten Phase deutscher Geschichte auffinden zu können.

Noch kurioser allerdings ist eine andere merkwürdige Verdrängung in diesem Akt der Wahrnehmung des und der damit verbundenen Standards von Gestaltung: Alles das, was im Nationalsozialismus und im Rahmen der nationalsozialistischen Regierung und des damit verbundenen Alltagslebens jener Zeit als Gestaltung erscheint, wurde und wird sehr seltsam eingeschränkt auf Bildwelten, die mit Adjektiven wie „völkisch", traditionell, kleinbürgerlich-idyllisch, rückwärtsgewandt oder mit einem bösartig-verkitschten Heimat-Begriff verbunden werden können. Denkt man an die Gestaltung während des Nationalsozialismus, so assoziiert sich dieser mit Bildern von Trachten, Schnörkeln, blondbezopften Mädchen und Frauen sowie stählernen, durchtrainierten weißen Männerkörpern und anderem Kitsch. Die im Rahmen des Bauhaus' und des Werkbunds ausgearbeiteten Kriterien und Formulierungen zu Design und Architektur wurden und werden keineswegs mit dem Nationalsozialismus verbunden. Dabei haben sie damit sehr viel zu tun. Denn tatsächlich passten etliche der als „modern" oder sogar als „sozial" behaupteten Formationen schier problemlos zum Nationalsozialismus oder zumindest zu einigen Aspekten desselben. Zudem muss man leider konstatieren, dass Architektur und auch Design die Tendenz hegen, mit autoritären Regimen zusammenzuarbeiten. Bekanntlich tendiert Architektur mit wenigen Ausnahmen dazu, Monumente zu errichten, die möglichst lange erhalten bleiben und auf jeden Fall die eigenen Planungen, wie abstrakt diese auch immer gegenüber den Menschen sein mögen, umzusetzen. Was – im Nationalsozialismus klappte das ebenso gut wie im italienischen Faschismus oder heutzutage in China und anderen undemokratischen Ländern – die Durchsetzungskraft autoritärer Regierungen verehrt; und auch das Design ist beglückt über

Richtlinien, die kritische Diskussionen verhindern und die Durchsetzungskraft fördern (übrigens ein Grund für einige der vielen Designpreise, die solche Richtlinien verfolgen).

Es muss endlich begriffen werden, dass jene für das Design und auch für die
Architektur als so wesentlich gedachten Kriterien ebenfalls für die Gestaltung des Nazi-Regimes gelten: Funktionalität, einfache Handhabung, Ergonomie, saubere Verarbeitung, durchdachter Umgang mit Material und Technik,
Effizienz und eine gewisse monumentale Attraktion. So oder so gestalten Design und Architektur in gleicher Weise wesentlich und gelegentlich brutal
unser Alltagsleben.

2. mächtig

Zum weiteren Verständnis des Einsatzes von Gestaltung durch den Nationalsozialismus ist sehr wichtig zu verstehen, dass weitgehend die Wahl der
NSDAP als Regierungspartei Deutschlands vielfältig irrational begründet
gewesen sein mag, die Politik der NSDAP zumindest von Regierungsstellen
und leitenden Personen jedoch äußerst rational und eiskalt kalkuliert verlaufen ist.

Deutlich wird das etwa im Einsatz der Architektur. Zweifellos wurde diese
einerseits und sehr typisch für autoritäre Regierungen genutzt, um Monumente und Pracht zu etablieren, herrschaftliche Bauten und prächtige Straßen zu entwerfen – wobei selbst in diesem Zusammenhang stets jeweils ein
Kalkül hintergründig lauerte: Monumente und Prachtstraßen baut man nicht
einfach so an sich, sondern um zu beeindrucken und zugleich sich selbst
die Macht vorzuspielen; aber auch noch (das wusste schon der Stadtplaner
Georges-Eugène Baron Haussmann bei dessen Umbau von Paris Mitte des
19. Jahrhunderts), um auf Prachtstraßen Militär und Polizei aufmarschie-
ren zu lassen und damit besser die Kontrolle über die Öffentlichkeit zu haben. Und schließlich dienten diese Bauten und Stadtplanungen auch noch
der Arbeitsbeschaffung und dem fiktiven, da lediglich vorübergehenden wirtschaftlichen Erfolg. Zugleich setzte sich die nationalsozialistische Regierung

im Industriebau und noch im grausamsten Nutzbau etwa der Konzentrationslager für die stringenten architektonischen Prinzipien des Bauhaus' oder der sogenannten „modernen Architektur" ein, eben funktional, effizient und kostengünstig zu sein. Wobei ohnehin der Mythos vom „rechten Winkel" im Nationalsozialismus regelrecht als substanzielles Kennzeichen, als Brand genutzt wurde, verewigt im „Hakenkreuz".

Was nun das Design und dessen Einsatz im Nationalsozialismus betrifft, so geschah dies noch weit komplexer und in wirklich vielfältiger Weise. Denn dessen kalkulierte Anwendung umfasste wesentliche Bereiche des gesellschaftlichen Daseins. Vielleicht kann man dies am besten einerseits mit jener so klugen Formulierung von Walter Benjamin erläutern, nämlich mit der „Ästhetisierung der Politik" – da jegliche politische Artikulation in den „kunstvollen" Aufmärschen, den demagogischen Reden, den pathetischen Gesten und den so konsequenten Handlungen insgesamt stets so raffiniert propagandistisch aufgeladen wurde, dass sie nur noch Begeisterung und Gläubigkeit auslösen konnte. Andererseits gehörte insbesondere bezüglich der Industriepolitik ebenso die ökonomische Rationalität zu dieser Politik und ihrer Präsenz. Dabei ging es um die Normierung industrieller Produktion und auch um die des alltäglichen Lebens.

Ersteres, also die Ästhetisierung der Politik, wird vorzüglich kenntlich in dem Design der Filme von Leni Riefenstahl, vor allem in dem 1934 aufgenommenen und 1935 präsentierten „Triumph des Willens" über den sechsten Reichsparteitag der Nationalsozialisten in Nürnberg. Der Blick aus dem Fenster eines Flugzeugs über die Landschaft und dann über eine alte Stadt hinweg, also von oben, wo die Götter wohnen – und dazu Musik im Stil von Richard Wagner und das Brummen des Flugzeugmotors. Das dauert. Dann der Blick von unten auf das fliegende und langsam einschwebende Flugzeug. Dass dies das Flugzeug von Adolf Hitler im Anflug auf Nürnberg ist, wird noch gar nicht ausgestellt. Später sieht man ihn zuerst von hinten in einer großen Limousine, und drum herum jubelt das Volk; oder am Abend am Hotelfenster mit dem Blick auf die jubelnden Massen und deren Fackeln und einigen Kerzen. Erst dann folgt die Fahrt zum Parteitags-Gelände und werden die vielfältigen Formationen auf dem Parteitag gezeigt. Dies entzieht sich vordergründig jeglicher Realität, gibt allerdings die gesamte quasi religiöse oder zumindest pathetische Inszenierung als realistisch aus. Dabei fällt noch ein weiteres Gestaltungselement auf, nämlich die Attitüde, möglichst häufig mit der Kamera die vermeintlich wichtigen Personen und Objekte von unten her aufzunehmen. Dies war typisch für jene Zeit und wandelte alle so aufgenommenen Körper, Objekte und Architektur in Monumente um. Was man allerdings wissen muss, was also einen präzisen Einsatz von gestalteter Wahrnehmung bedeutet.

Ein weiteres sehr wichtiges Element von brutaler Gestaltung ist hier ebenso zu beobachten, nämlich das, was Siegfried Kracauer völlig berechtigt „Das Ornament der Massen" nannte. Die Menschen werden nicht in ihren so vielfältigen Identitäten und lebendigen Aktionen aufgezeichnet, sondern völlig abstrakt in geometrische Facetten aufgeteilt, die wiederum von außen gesteuert sich im Rahmen von geometrischen Maßstäben bewegen, mal sich vermischen, dann wieder sich trennen und dann als einzelne Gruppierungen allesamt die gleichen Bewegungen vollziehen und rechte Winkel oder Kreuze bilden. Zugegeben, zur gleichen Zeit gab es dies auch schon in einigen Hollywood-Filmen (da wurden jedoch florale Ornamente bevorzugt), und noch heute werden die Menschen immer mal wieder auf diese Weise geordnet, etwa in den Eröffnungsveranstaltungen von Olympischen Spielen, bei anderen Festivitäten oder sogar als Ausdruck bestimmter musikalischer Formationen. Auf jeden Fall werden so humane Wesen zu bloßer Geometrie degradiert, objektiviert, Verhandlungsmasse der jeweiligen Regie und jeglicher Humanität beraubt. Die Nationalsozialisten brachten es mit diesem Menschendesign zur propagandistischen Meisterschaft, die sodann ebenfalls für die militärischen Affären äußerst präzise gerieten.

In den Kontext solcher Bühnengestaltung passt ebenfalls der im Nationalsozialismus vehement genutzte und noch heutzutage anzutreffende Einsatz von Licht als ästhetisches und sehr attraktives Element zur Gestaltung gewissermaßen virtueller Monumente. Mit intensiven Scheinwerfern werden sowohl jeweils diejenigen Dinge oder Bewegungen hervorgehoben, die man unter gleichzeitiger Negation alles anderen verehren soll, und demonstriert so die Macht über jenes Licht, das als so substanziell für das Leben und die

Lebendigkeit wahrgenommen wird und gilt. So schufen die entsprechenden Gestalterinnen und Gestalter schon während des Nationalsozialismus himmlische Heerscharen und Ehrenmale und verdeutlichten dabei die Macht der Gestaltung, eben artifizieller Präzision, über die Natur. Zugleich – und dies gehört zu dem eigenartigen Pragmatismus der im Nationalsozialismus tätigen Gestaltung – übte man mit solchen Licht-Inszenierungen schon für den Krieg, nämlich für die Flak-Scheinwerfer und deren Einsatz gegen die feindlichen Flugzeuge. Was wiederum, obwohl simple Abwehr gegnerischer Angriffe, immer noch als Licht-Architektur wahrnehmbar war. Noch etwas: Licht leuchtet nicht nur, sondern blendet auch. So etwa auch die berühmte Kaiser Idell-Leuchte 6631 von 1933 des ehemaligen Bauhaus-Schülers Christian Dell, die mit ihrem „asymmetrischen Reflektorschirm" und dem „Kippgelenk für eine optimale Beleuchtung sorgt", so die Werbung des Firma Fritz Hansen, die diese Leuchte bis heute produziert. Genau diese Form der „optimalen" Leuchtkraft jener Leuchten wurde gern in Verhören genutzt, die Opfer der Verhöre unter brutalen Druck zu setzen und völlig zu verunsichern.

Zu solch eigenartiger Verknüpfung von Pracht und Pragmatismus gehört ebenfalls die vehemente Förderung des Automobilbaus und der „Automobil-Kultur" im Nationalsozialismus. Autorennen wurden unterstützt und gefeiert, Autobahnen gebaut (die später selbstverständlich militärisch genutzt werden konnten), und die großen mondänen Limousinen wie „Mercedes" und „Horch" (heute lateinisch verharmlost „Audi") beförderten die Protagonisten und Führungskräfte des NS-Staates und der ihn tragenden Partei. Mit weitreichenden Konsequenzen, denn nicht unversehens galten auch nach 1945 zwei Nationen als die herausragenden Automobil- und auch Design-Nationen: Italien und Deutschland.

In Deutschland addierte sich eine zusätzliche Kampagne hinzu, da mit der Konzeption des „Volkswagen", der nicht unversehens namentlich mit dem „Volk" zu tun hatte, sehr offensiv nun auch den normalen Leuten die Chance geboten werden sollte, am Pathos der Automobile und der Autobahnen zu partizipieren. Dafür wurde mit Wolfsburg eine ganze kleine Stadt für die Arbeiter nebst selbstverständlich den entsprechenden Produktionsanlagen entworfen und gebaut. Einfach, handhabbar, in simpler Weise sogar bieder elegant (nicht unversehens von Porsche gestaltet). Der Volkswagen kombinierte den Mythos Automobil mit einfältiger Normalität und erhöhte so das Volk als mögliche Teilhaber an der automobilen Herrschaft. Realistisch allerdings war der „KdF-Wagen" (wie er wegen der „Kraft durch Freude" hieß) beizeiten gar nicht als Volks-Wagen erfolgreich (bis Kriegsende wurde kein einziger ziviler ausgeliefert), hingegen mit wenigen Umbauten hervorragend als Militärfahrzeug.

Zugleich verdeutlicht dieser Vorgang zwischen Politik und Industrie, wie sehr diese beiden Positionen sich im Nationalsozialismus verbündet hatten. Deutschland entwickelte sich zumindest für einige Zeit und wahrlich häufig in sehr spekulativer Art zu einer der wichtigsten europäischen Industrieländer, da sowohl die Banken als auch die führenden Industrie-Unternehmen von der Nazi-Regierung rücksichtslos unterstützt wurden (und vice versa) – und damit auch deren Architektur und Design, ohne dass diese vordergründig den öffentlich vorgetragenen Ideologien dieser Regierung entsprechen mussten.

Noch drastischer übrigens geriet diese Unterstützung der Industrie dann durch den Beginn des Kriegs, der stets die Großindustrie förderte, und dann durch den Einsatz von Zwangsarbeiterinnen und -arbeitern, die als kostenlose oder wenigstens sehr billige Arbeitskräfte von der Industrie ebenso brutal wie gerne eingesetzt wurden.

3. gründlich

Der oben im Text schon angedeutete Zusammenhang von Ästhetik (im Verständnis von Aristoteles also als eine Frage der Wahrnehmung) und Normen sollte an und für sich nicht überraschen – und wurde gerade auch von den schlaueren der Nationalsozialisten heftig ausgenutzt.

Zugegeben, vordergründig widersprechen sich die – doch immer etwas hochtrabend gewünschte – Ästhetik und die eher als schäbig oder banal gedachte Norm. Doch bei genauerer Betrachtung verwickeln sich beide vielfältig; denn ganz alltäglich setzen die mit Ästhetik mitbeschriebenen Dimensionen von

Schönheit und Wohlgefallen allemal auf Momente des Wiedererkennens und einer gewissen Stimmigkeit. Da existieren alte historische und zusätzlich jeweils aus der Infantilität gerettete Bildwelten, Akustiken, Geschmäcker, Haptiken und Gerüche, die die Zeit überleben und, zwar mit einigen Varianten, weiterhin Wegweiser für die Behauptung oder den Eindruck von Schönheit und Wohlgefallen artikulieren.

Deutliches Beispiel dafür ist der schon zuvor erörterte rechte Winkel – damit verbunden die parallelen Linien –, die bekanntlich die menschlichen Augen gar nicht sehen können, die wir Menschen dennoch sehen. Weil wir diese sehen wollen, konstruiert das Hirn den Eindruck von rechten Winkeln und parallelen Linien. Was uns Sicherheit gibt, uns zurechtzufinden in dem allgemeinen sinnlichen Chaos. Ähnlich der Anschein, die Blätter eines bestimmten Baumes seien sich alle gleich in der Form oder zumindest sehr ähnlich. Schon Gottfried Wilhelm Leibniz schickte seine adligen Schülerinnen und Schüler in die Gartenanlagen im hannoverschen Herrenhausen mit der Aufgabe, zwei identische Blätter zu finden – was alle einfach fanden, de facto jedoch Leibniz etliche freie Stunden zum eigenen Studium gewährte, da zwei identische Blätter niemals gefunden werden.

Noch ein Beispiel, das zugleich die historisch kulturelle Differenz erläutert: In der, nennen wir es so, westlichen Kultur gewährt eindeutig eine visuell erkennbare Richtung von links nach rechts den Eindruck von Fortschritt. Unter anderem Paul Klee erläutert dies sehr schön in seinem Bauhaus-Buch „Pädagogisches Skizzenbuch" als ein wesentliches Moment der Gestaltung, doch schon die Griechen wussten, etwa bezogen auf das Theater, dass ein von links auf die Bühne auftretender Bote stets positive und ein von rechts auftretender negative Nachrichtungen überbrachte sowie die Bewegung von links nach rechts insgesamt stets positiv wirken sollte, und dies auch tat. Tatsächlich ist dies unvermeidlich in der westlichen Kultur – und wussten dies auch die Gestalterinnen und Gestalter oder die Protagonisten der Nazis und verpflichteten deshalb unter anderem die deutsche Wochenschau darauf, in ihren filmischen Berichten den Rückzug der Wehrmacht aus dem Osten immer auf dem Weg von links nach rechts, mithin geografisch verkehrt, aber in der Haltung der Sieger, zu zeigen. Klar, im asiatischen Kontext liest sich dies genau andersherum, und die Truppen von Mao Tse Tung bewegten sich hinter diesem auf dem Weg zum Sieg von rechts nach links. Zweifellos spiegelt diese Wahrnehmung ebenfalls die jeweilige Richtung des Schreibens.

Für jede Gestaltung ist diese Einsicht in grundlegende Raster oder Normen absolut verbindlich, will sie irgendetwas mitteilen, so muss sie zwangsläufig danach handeln. Nur so scheint der Erfolg der Gestaltung halbwegs gesichert. Dabei verbinden sich solche grundlegenden Dimensionen der Form und entsprechend der Wahrnehmung mit anderen Allgemeinplätzen jeweiliger Kultur und gesellschaftlicher Umfelder. Eben Bildwelten höfischer Architektur als mächtige Architektur, technische Gestiken als technisch, „völkische" Einfalt als Ausdruck einer Volksgemeinschaft und dergleichen mehr. Dieses Kaleidoskop mitsamt entsprechenden Artikulationen der Akustik, der Haptik, Gerüche und Geschmäcker offenbart die Mittel für jeglichen Ausdruck von Gestaltung, bildet also die Basis für Architektur und für Design. Was das Bauhaus sehr genau verstanden hatte und, reduziert auf die Grundlinien solcher Ästhetik, sehr normativ vielfach publizierte und einforderte.

Diese Ästhetisierung des normierten Alltags und Normierung der Ästhetik entfalteten ihre gewaltigen Kräfte in der gebündelten Gestaltung dessen, was man später, ansatzweise in den 1960er-Jahren und dann immer professioneller, zuerst „Corporate Design", dann „Corporate Identity" oder reichlich pathetisch „Unternehmens-Kultur" nannte und was auch mit „Branding" umschrieben wird. Gemeint ist die so komplett aufeinander abgestimmte Gestaltung jedes Elements und aller Facetten eines Unternehmens oder einer Institution, dass diese als Marke jederzeit kenntlich und eindrücklich werden. Genau dieses aber war in den 1920er-Jahren bereits vom Bauhaus vorgedacht und konzipiert worden. Nicht unversehens entpuppte sich das Bauhaus zusehends in all seinen Aspekten als Marke – was unter anderem dessen großen internationalen Erfolg bis heute grundlegend festigte.

In der gesamten Komplexität allerdings von dem, was Branding umfasst und einfordert, und auch in dessen Brutalität wurde dies erst umgesetzt durch die nationalsozialistische Regierung. Schon zuvor, aber nicht wirklich begriffen und strategisch eingesetzt, existierten Momente solcher Gestaltung im Militär und wurde dies dann im italienischen Faschismus nachhaltig eingesetzt, doch erst der etablierte Nationalsozialismus aktivierte alle in diesem Kontext schlummernden Aktionsfelder. Es ist regelrecht beeindruckend und erschütternd, wie intensiv Marken-Bildung in diesem Regime und schon zuvor in dieser Partei betrieben wurde. Nach außen ebenso wie in der Binnenstruktur. Was wiederum lediglich in einer engen Kooperation von entsprechenden Partei- und Regierungsstellen mit Design und Architektur möglich wurde. Nämlich: die Marke NSDAP und deren Unter-Gruppierungen sowie die Marke Deutschland eindrücklich zu prägen.

Wesentliche Elemente dieses Marketings sind: die klar gestalteten Embleme, Logos, der Partei ebenso wie der SA, der SS oder auch der HJ und des BDM oder ebenso von KdF sowie das Logo vom „Dritten Reich" – alle so nachdrücklich gestaltet wie ein Mercedes-Stern, also sofort (wieder)erkennbar und auf das entsprechende Produkt zu beziehen. Werden solche Logos einfach und deutlich gestaltet und permanent demgemäß publiziert, dann setzen sie sich unausweichlich durch. Ein anderes und mit jenen Logos partiell verbundenes Markenzeichen formulieren selbstverständlich die aus dem Militär und sogar aus dem Alltagsleben ja schon bekannten Uniformen, denn diese sollen eben intern Zusammengehörigkeit von Gruppen und extern die Erhaltung und Macht solcher Gruppen sowie deren jeweilige Hierarchien demonstrieren. Bedenkenswert in diesem Zusammenhang ist, dass Modedesign jederzeit durch die Gestaltung von Kleidung auch als Kommunikationsdesign auftritt, da Kleidung nicht allein gemäß bestimmter Konventionen und Gesetze etwas verhüllt und andererseits der jeweiligen Trägerin oder dem Träger komfortable Beweglichkeit und innere Sicherheit vermittelt, sondern ebenfalls nach außen etwas über diejenigen erklären soll, die sich so kleiden. Für Unternehmen ist das ebenso wichtig – etwa der schwarze Anzug in der Bank oder Versicherung. Uniformen sind das allesamt, verharmlosend als Corporate Fashion tituliert.

Zum Branding gehört zusätzlich die Organisation von Veranstaltungen, von Messe-Präsentationen und Partys genauso wie die von Parteitagen. Der Ablauf, die gewissermaßen selbstverständlichen Hierarchien, der Aufbau des Mikrofons (vom Zuschauerraum aus gesehen immer links oder in der Mitte angeordnet – der „guten Nachricht" wegen), die entsprechenden Räumlichkeiten und die nicht zuletzt im Applaus oder in dem gemeinsamen Sich-Erheben erneut auffindbare Ornamentalisierung der Massen. Sodann der Auftritt der jeweils entsprechenden Führungspersonen und deren Gestik: Paraden, der Weg durch die Menge, die Rede in der Front vor den Menschen, die Faust auf dem Rednerpult – und berühmter Weise bei den Nazis der gestreckt erhobene rechte Arm. Alles Appelle an eine fiktive Gemeinschaft und Merkmale, um die Handelnden sofort zu identifizieren.

Verstärkt wird die Marke durch Akustik: akustische Logos, die während des nationalsozialistischen Regimes jede Veranstaltung, jegliche Hörfunk-Sendung oder alle filmischen Wochenschauen eröffneten. Ergänzt durch standardisierte Lieder (fatalerweise adaptierte der Nationalsozialismus sogar einige Lieder der Arbeiterbewegung und versah diese lediglich mit anderen Texten – wahrlich ein Problem der Komposition der ursprünglichen Lieder).

Eklatant außerdem die Rhetorik. Der „Führer", „Heil Hitler"-Rufe, die rhetorischen Fragen an die Massen, vermeintlich eindeutige Ausgrenzung irgendwelcher Feinde, Betonung des Nationalen und der Gemeinschaft und so vieles mehr. Das war präzise gestaltete Sprache – übrigens im Rahmen solch umfassender Markenbildung auch Unternehmen geläufig.

All dies muss stets präzise gestaltet und umgesetzt werden, sodass die allgemeine Öffentlichkeit oder die sogenannte Masse oder das sogenannte Volk sehr schnell lernen, verinnerlichen und umsetzen können. Wobei zusätzliche Aktivitäten und Emotionen das ganze System noch stärker festigen: gemeinsame körperliche Ertüchtigung, Heldenverehrung, Verklärung von Geschwindigkeit, das Angebot gemeinsamer Erfahrungen (im Sport, bei Massen-Aktionen, im Krieg). Außerdem müssen die in diesem Zusammenhang genutzten Geräte passen – beispielsweise die Automobile, die Gebäude, die Fahnen, die Einrichtung der Büros, der Aufbau der Straßen und dergleichen mehr.

Auf der Basis schon für diesen Kontext vorgegebener Ansätze und erster Richtlinien (hier spielen erneut das Bauhaus und der Deutsche Werkbund eine gewichtige Rolle) entfaltete sich der Nationalsozialismus als Wegweiser, etablierte er eine komplett neue Dimension der Gestaltung und verstanden zumindest einige der leitenden Figuren des Nationalsozialismus die mögliche Komplexität und den Einfluss von Design.

Wozu selbstverständlich auch noch die Typografie zu zählen ist; da wurden einige Schriften eliminiert und andere neu formuliert, auf dass alles, was gelesen wurde, in bestimmter Weise zugerichtet wurde. Erwähnenswert in diesem Kontext ist ebenfalls, wie sehr der gleichermaßen ideologische wie unmenschliche und pragmatische Rassismus seine Spuren in der Gestaltung der Marke hinterließ: Denn zu der Marke gehörte ebenfalls die Erfindung des „Arischen" als substanzielle Bekundung des deutschen Seins. Eine eindeutige Formulierung: blaue Augen, hohe Stirn, blonde Haare, schlank, athletisch. So sollte die Marke „Deutsch" im Alltag erscheinen. Eigenartig und auffällig ist dabei, dass dieses Merkmal der Marke „Deutsch" funktionierte und ständig eingeklagt wurde, obwohl niemand aus dem Führungspersonal der nationalsozialistischen Regierung diesem Äußeren entsprach, eher im Gegenteil: zum Beispiel dunkelhaarig, dürr und klein (Goebbels), fett und feist (Göring). Der Mythos überwucherte die Wirklichkeit und hatte zugleich vehemente Auswirkungen auf diese Wirklichkeit. Die Marke gewinnt. Bleibt noch, die Brutalität solcher „Brandings" (wirklich die Setzung eines Brandzeichens) zu erwähnen, nämlich die zur Markenbildung stets passende Gestaltung einer Marke für Negation oder für Ausgrenzung: In diesem Fall bekanntlich der „Judenstern": zwei sich jeweils mit einer Spitze oben und unten überlagernde gelbe Dreiecke, schwarz umrandet; die Aufschrift „Jude" war krakelig gestaltet und sollte die hebräische Schrift verhöhnen. Das Brandzeichen war dem Hexagramm des Maggen-Davids (Davidstern) nachempfunden Auch diesen sogenannten „Judenstern" hat jemand gestaltet.

So setzte der Nationalsozialismus rücksichtslos, mit vollem Kalkül, effizient und stringent Gestaltung um und forderte präzises Design. Leider partizipierten daran allzu viele aus dem Design und aus der Architektur, genossen diese offenkundig, erfolgreich das, was sie gelernt hatten, nun endlich rigide realisieren zu können. Und nach 1945 setzten sich solche gestalterischen Attitüden zumindest teilweise einfach weiterhin durch. Nicht zuletzt mangels radikaler Analyse und Kritik. Solch mangelnde Kritik ist durchaus ein immanentes Problem von Design, aber für diese Verdrängung der gestalterischen Probleme und der Verwicklung von Design und Architektur im Nationalsozialismus existierten ebenso politische Gründe. Denn alle machten einfach weiter. Ein letztes Beispiel dafür: Die noch heute erfolgreich existierende „Gesellschaft für Konsumforschung/GfK" wurde 1934 unter anderem von jenem Ludwig Erhard mitgegründet und von diesem im Vorstand geleitet, der dann der erste Wirtschaftsminister der Bundesrepublik Deutschland und etwas später Bundeskanzler wurde und sich in der Zeit durchaus intensiv für Architektur und Design im Stil des Modernismus einsetzte.

Bleibt zum Schluss, auf jene so kluge Einsicht des Künstlers und Poeten Kurt Schwitters zu verweisen, der einst schrieb, dass ein an sich harmonisch gestalteter Raum a priori unmenschlich ist, weil jeder Mensch, der diesen betritt, die Harmonie ruiniere. Weshalb in Büchern und Zeitschriften zu Architektur und zu Design auch schon zu Bauhaus-Zeiten fast niemals Menschen zu sehen sind.

Am Anfang war der Staat
Neue Anmerkungen zum italienischen
und deutschen Design

Vor einiger Zeit äußerte der intern bekannte Design- und Automobil-Experte Paolo Tumminelli völlig berechtigt und sehr nachdenklich stimmend, dass die internationale oder zumindest europäische Vorherrschaft von Italien und Deutschland im traditionellen Automobilbau schlicht Resultat des Faschismus sei.

Tatsächlich, sowohl im nationalsozialistisch regierten Deutschland als auch im faschistisch regierten Italien wurde der Automobilbau, wie bereits zuvor beschrieben, von jenen Regimes heftig unterstützt und wurden dazu viele Autobahnen gebaut. Eben aus dem Grund, sehr schnell Arbeitsplätze zu schaffen und zugleich und gewissermaßen rechtzeitig die Fahrzeuge und die Verkehrswege für das Militär zu errichten. Volkswagen, Mercedes-Benz, BMW, Horch (heute Audi) auf dieser Seite der Alpen und Fiat, Alfa Romeo, Lancia, Ferrari und viele andere auf der anderen. Jeweils mit nachhaltigen Folgen: Die Industrie florierte, die Banken konnten Kredite vergeben, und die Versicherungen versicherten, außerdem waren die Wege geebnet, das Militär schnell an die nationalen Grenzen und dann darüber hinaus zu transportieren und im Krieg für Nachschub zu sorgen.

Nach 1945 wurde alles schnell wieder aufgebaut und dominierten erneut für lange Zeit diese Automobil-Unternehmen und behauptete sich das Konzept vermeintlicher Lebensqualität durch Automobile. Noch immer bestimmen sie in vielfältiger Weise nicht allein das alltägliche Leben, sondern ebenso politische Entscheidungen. Was selbstverständlich auch Architektur und Design bedingt. Die gesamte Stadtplanung orientierte und orientiert sich teilweise noch immer an der Vorfahrt für fahrende und parkende Autos, Parkhäuser formen Innenstädte und Garagen die Stadtviertel und Vorstädte, Straßen konturieren die Landschaften. Und zu den bekanntesten Designern (Designerinnen sind in diesem Zusammenhang bestenfalls im Rahmen von

Interieur-Design zu finden, zuständig für die textilen Oberflächen) hierzulande und in Italien gehören die, die Automobile gestalten oder gestaltet haben. Wirklich, um die Automobile kommt man nicht herum – und somit ebenso wenig um den nachhaltigen Einfluss des Faschismus in der Industrieproduktion und im alltäglichen Leben.

Diese anfänglichen Gedanken jedoch leiten hinüber in ein anderes denkwürdiges Feld. Denn man muss feststellen, dass sicherlich ebenfalls nach 1945 die einflussreichsten und wichtigsten Designerinnen und Designer aus Italien und Deutschland kommen. Mit wenigen Ausnahmen werden einem, wenn man über Namen von bekannten Designerinnen und Designern nachdenkt, ständig welche aus diesen Ländern einfallen. Die Listen aus den beiden Nationen sind lang, und nicht unversehens diskutierte dieses Phänomen jene große Ausstellung des Jahres 2000 in der Bonner Bundeskunsthalle „4:3 – Fünfzig Jahre Italienisches und Deutsches Design". Das gilt ebenso für Unternehmen, die ausdrücklich oder mehr intern auf Design als Innovations-, Image- und Marketingfaktor setzen. Wenn auch in unterschiedlichen Branchen: In Italien betrifft es eher Möbel, Licht und Haushaltswaren, in Deutschland zwar auch einige aus diesen Bereichen, doch ebenso Investitionsgüter und große Maschinen. Im Automobilbau spätestens treffen sich beide bekannterweise wieder. Und selbst einige der renommierten Designerinnen und Designer aus anderen Ländern arbeiten oder arbeiteten vorwiegend für Automobil-Unternehmen aus Italien und Deutschland.

Versteht man das nun richtig, so ergibt sich unweigerlich, dass wohl nicht allein die Stärke der Automobilindustrie beider Nationen nach 1945, sondern auch die des Designs seine Herkunft aus der Zeit davor übernommen haben muss. Was sich sehr schnell als wahrhaftig erweist. Haben doch beide, der faschistische italienische und der nationalsozialistische deutsche Staat in ihrer Zeit ein höchst intensives und demgemäß für unsere Gegenwart recht zweifelhaftes Gespür für Gestaltung artikuliert und umgesetzt. Dies betrifft bei beiden das gesamte Corporate Design, in dessen Rahmen Uniformen, eklatante Zeichen, festgelegte Typografien und sogar sprachliche Übereinkünfte, Haltungen und Gesten gestaltet waren.

Also existierte in beiden brutalen Regimen diesseits einer Propaganda für kleinbürgerliche Lebenswelten und ländliche Idylle ebenfalls die Unterstützung für eine an und für sich avanciert scheinende Architektur und für fortschrittliches Design. Für Italien kann man in diesem Zusammenhang sofort auf Terragni, Moretti, Gruppo 7 und andere Vertreter der sogenannten Rationalen oder Rationalistischen Architektur verweisen, die häufig zusätzlich Möbel gestalteten. Für Deutschland gilt das vielleicht noch vielfältiger. Erinnert sei in diesem Zusammenhang die an anderer Stelle schon ausführlich erwähnte intensive Kooperation diverser ehemaliger Mitglieder des Bauhaus', sowie anderer Prominenter aus Architektur und Design mit durchaus wichtigen Projekten und Aktionen der deutschen Nazi-Regierung. Ästhetisierung und Normierung der Lebenswelt waren dabei substanzielle Kategorien und Praktiken, die zumindest partiell Design und die Architektur beschädigt, wenn nicht desavouiert haben.

Nun kann man zweifellos einräumen, dass Menschen, also auch diejenigen, die mit Architektur und Design beschäftigt sind, Fehler, sogar entsetzliche Fehler begehen und später zur besseren Einsicht gelangen. Allerdings kann man dann erwarten, dass diese sich wenigstens zu entschuldigen versuchen oder besser noch, in radikaler Selbstkritik öffentlich auftreten und den Diskurs über solch übles Fehlverhalten fördern.

Doch genau dies ist in beiden Ländern keineswegs geschehen. Quasi nahtlos machten diejenigen, die zwischen 1933 und 1945 so erfolgreich gestalteten, einfach weiter und bauten ihre weitere Karriere sogar wesentlich auf jenen Erfolgen im faschistischen Italien und dem nationalsozialistischen Deutschland auf. Was insgesamt nicht allein ein Problem von Personen ist, vielmehr müsste man – Ähnliches gilt für die Automobilindustrie – über die Form solcher Gestaltung kritisch diskutieren, die sich offenkundig nicht im Widerspruch zu den praktischen Anforderungen und partiell zumindest gewiss auch nicht zu den ästhetischen Vorstellungen von Faschismus und Nationalsozialismus bewegte, sondern diese sogar unterstützte. Immerhin geschah diese Auseinandersetzung versuchsweise Ende der 1980er-Jahre in den USA mit der These des „Post Modernism"; jedoch basierte diese eher auf einigen Missverständnissen über die Kategorie der Moderne und geriet allzu schnell zu einer neuen Ideologie von quasi anderer und die Konvention von Razionalismo und von Bauhaus kritisierender Formgestaltung. Dadurch ging der kritische Anlass dieser Formulierung allzu schnell verloren. Immerhin war das ein Versuch. Intensiver und sehr viel profunder hatte sich schon zuvor in den 1960er-Jahren solche Kritik artikuliert, nämlich in der praktischen und völlig neuen Gestaltung im Disegno Radicale, das ja auch einige Architektur-Gruppen wie Archigram, UFO, Superstudio oder Haus-Rucker-Co betrifft. Das war wirklich der geballte Widerspruch und animierte zu einigen neuen theoretischen Überlegungen, etwa zur Frage der Funktion oder zu der über neue Lebensformen, die gerade von den alten Konzepten der Gestaltung überhaupt nicht verstanden worden waren. Um 1980 trat erneut eine praktische Kritik an jenen überlieferten Dogmen von Design auf, diesmal wieder in Italien, aber auch in Deutschland, in Spanien (eben nach der Franco-Ära) und sogar ein wenig in England. Diese Bewegungen gerieten bewusst antiautoritär und zur Kritik an den üblichen kapitalistischen Verwertungsstrukturen.

Doch in der neueren Geschichte von Design und Architektur sucht man kluge Formen der Auseinandersetzung mit jenen Gestaltungen und Gestaltungsideologien, die sich so vorzüglich mit autoritären Regimen vereinbarten, häufig vergeblich. So ist jene Kritik irgendwie folgenlos geblieben. Zumal angesichts des 100. Geburtstags des Bauhaus' wurde mal wieder jegliche noch so fundierte Kritik daran unter den Tisch gewischt. Bauhaus-Kritik wirkt offenbar sofort wie Gotteslästerung. Dazu kommt noch, dass jener allgemeine Jubel über die autoritäre Gestaltung ebenso wie der über Erfolge der Automobilindustrie heutzutage insbesondere von den entsprechenden Regierungen heftig unterstützt wird.

Recht gestaltet

Unabdingbar muss man denen, die in der Jurisprudenz tätig sind, ein hohes Maß an Kreativität zugestehen. Denn sowohl die, die sich in der Legislative tummeln, als auch diejenigen, die im Rahmen von Rechtsprechung sich artikulieren und gegebenenfalls sich bekämpfen, sind wortgewaltige Formalisten. Fast könnte man sie, auch wenn jene das meist nicht mögen, ganz im Sinn von Aristoteles als Meister der Poesie beschreiben. Denn das Recht wird im Kontext von Grammatik und Wörterbuch geschrieben und erstritten. Was häufig eine fantastische Präzision der Wortwahl und deren Auslegung einfordert. Gewiss gelegentlich im Zusammenhang von Geheimsprache oder der Öffentlichkeit potenziell verborgener Bedeutungsfelder. Allerdings ermöglicht solche poetische Kombinatorik auch denen, die nicht zum engen Zirkel gehören, gelegentlich im Rechtsstreit wörtlich ebenfalls, Fantasie und damit Verwirrung zu artikulieren. Was durchaus sehr viel mit Design und ebenso mit Architektur zu tun hat, die doch beide im Sinn des oben schon genannten Aristoteles zur Poesie gehören. Außerdem werden gerade diese – noch ein Argument für deren Unterschied zu den Freien Künsten – vielfach von den Gesetzgebern und anderen Juristen heftig attackiert.

So weit kann man etwas tun. Tragisch allerdings sind für Design und Architektur die so mannigfaltigen und alles bestimmen wollenden Rechtsverordnungen, die unmittelbar in die Gestaltung eingreifen. Tatsächlich wird allgemein und merkwürdigerweise ebenso von den im Design und Architektur Tätigen unterschätzt, dass wahrscheinlich die Mehrheit von Gestaltung durch Gesetze vollzogen oder von diesen zumindest so heftig konturiert wird, dass kaum noch Spielraum bleibt. Erschreckend dabei ist auch, wie wenig die Gestalterinnen und Gestalter dies öffentlich bekunden und sich darüber beschweren.

Ein aufdringliches Exempel, das selbst jene, die das Rauchen nicht schätzen, sofort verstehen werden: Die Verpackung von Zigaretten und auch von

Zigarren wird mittlerweile prinzipiell deformiert durch jene riesigen Aufkleber oder Aufdrucke über die gesundheitliche Schädigung durchs Rauchen. Man denke bloß an das berühmte Redesign der Verpackung von „Lucky Strike" durch Raymond Loewy. Eine Ikone der Gestaltung, entstanden 1940 und über Jahrzehnte Ausdruck der Kraft einer Marke und ihres Designs. Doch heutzutage wird rücksichtslos jene große schwarz-weiße Schrift mitten auf dieses Design geknallt und die Gestaltung damit grundlegend zerstört (was womöglich das entsprechende Unternehmen, die BAT, dazu veranlasst hat, selber die Qualität jenes Designs inzwischen zu missachten und eine jämmerliche Neugestaltung der Verpackung anzubieten). Das Gleiche gilt für die Verpackung anderer Zigaretten (auffällig etwa bei „Camel") und Zigarren (sogar bei der „Cohiba"). Nicht ganz so drastisch, aber doch auch erschütternd, verändern die vielfältigen inzwischen geforderten Hinweise auf alle möglichen Ingredienzien von Lebensmitteln deren Verpackungen. Zugegeben, solche Hinweise sind nicht ganz irrelevant. Aber könnte man dann nicht wenigstens aufgeweckte Designerinnen und Designer daransetzen, neue, eben klügere Lösungen für solche Hinweise zu gestalten, die sich gegebenenfalls in die gesamte Gestaltung einschmiegen, sodass jene Bemerkungen durchaus auffällig, jedoch Teil des Designs der Verpackung würden.

Ein ganz anderes Beispiel: Eine nicht zu umgehende europäische Verordnung formuliert die klare Ansage, jeder Bürostuhl oder auch Schreibtischsessel habe zum festen Stand fünf Ausleger aufzuweisen. Vordergründig klingt das plausibel, denn mit lediglich vier Füßen kann man zwar sehr schön kippeln, aber bekanntlich ebenfalls schnell umkippen. So muss nun jedes solcher Möbelstücke über fünf Füße verfügen. Welch Blödsinn. Könnte man doch das Umkippen auf sehr unterschiedliche Weisen unterbinden. Gar nicht so schwer, sich das auszudenken. Aber nein, es müssen mindestens diese fünf Füße sein. Zweifellos könnten unzählige weitere Exempel angegeben werden, und leidet die Gestaltung der Automobilindustrie unter jener Gesetzgebung nicht minder als die technischer Geräte oder der Architektur. Umso drastischer, wenn sich dabei auch noch unterschiedliche Instanzen einmischen – und welche rechtliche Administration demonstriert nicht gerne ihre Macht durch genau solche Verordnungen. Da mischen dann gerne unterhalb der EU nationale und regionale Gesetzgeber und deren Handlanger mit. So werden Beleuchtungen geregelt, Handgriffe fixiert, die Anordnung von Dächern vorgegeben und so vieles mehr.

Nun könnte man versuchsweise jene Gesetzgebungen in Schutz nehmen mit dem Hinweis darauf, dass es doch bestimmter Regularien bedarf, um Gefahren zu verhindern oder zu mindern und Chaos nicht zuzulassen. Sonst würden die Unternehmen ebenso wie die Designerinnen und Designer ein Durcheinander produzieren und lediglich ihre Profite oder Vorlieben durchsetzen. Was durchaus legitim erscheint, da das sogenannte freie Spiel der Kräfte im Markt selten Freiräume oder gar Gerechtigkeit schafft. Doch selbst dann, wenn man dies anerkennt, bleibt ein Problem, das bei genauerer Betrachtung eine dahinterliegende strukturelle Problematik offenbart. Die Legislative und dementsprechend auch alle die anderen nämlich, die in diesem Bereich der Gesetze und Verordnungen arbeiten, kennen allein quantitative Maßnahmen. Sie geben an, etwas habe mit fünf Füßen oder mit acht Löchern oder Trägern jener oder dieser Stärke ausgestattet zu sein, und etwas anderes sei in jener Größe, einer (DIN-)Norm oder diesem Format zu artikulieren. Stets werden Zahlen angegeben, denen zu folgen sei. Als ob Quantität nicht bestreitbar oder wenigstens diskutierbar sei, vielmehr eherne Regeln festlege. Als ob Zahlen eindeutig festgelegt werden könnten. Was jene Verordner offenkundig nicht kennen oder nicht können oder dem sie nicht vertrauen, ist die Reflexion von Qualität.

So könnte man doch formulieren, dass Bürostühle unter den und den Bedingungen nicht umfallen dürfen. Oder man könnte beschreiben, dass Hinweise auf Verpackungen verständlich und sichtbar sein müssen – sogar noch mit Zusätzen über die Bedingungen der Übersichtlichkeit und Verständlichkeit. Ohne jeden Zweifel würden solche Angaben eben nicht zu den derzeit massiven Eingriffen in die Gestaltung führen, hingegen die Designerinnen und Designer dazu animieren und beflügeln, solche qualitativen Angaben umzusetzen. Nun mag sein, dass auch dann im Rahmen von Qualität interpretative Differenzen auftreten. Doch das geschieht mit Quantitätsstandards sowieso und ständig.

Die Forderung ist klar: Schafft endlich eine Dimension von etwas, was vielleicht nicht mehr Verordnung heißt, aber im Rahmen der Vorstellung von Qualität plausibel und sogar vernünftiger, klüger, innovativer ist. Klingt einfach, scheint jedoch bei dem derzeitigen Zustand gesetzlicher Instanzen illusorisch. Doch hier muss man den Stachel womöglich auch zurückwenden auf die Designerinnen und Designer und gegebenenfalls auch auf die Architektur. Denn an und für sich ist doch berüchtigt, dass die Menschen (zum Glück) dazu tendieren, jegliche Regel, wenn diese nervt, mit einiger Fantasie zu umgehen. Das kennt man aus dem Alltag und dem alltäglichen Gebrauch. Alle Menschen finden Abkürzungen der vorgeschriebenen Gehwege in Parks und anderen Grünanlagen, ignorieren im Gebrauch etliche der offiziellen Verordnungen und nutzen alles um, fühlen sich doch häufig durch solche Verordnungen dümmlich und völlig überflüssig verordnet und in Regeln gepfercht; deshalb brechen sie aus, umgehend diese, finden eigene Wege. Doch braucht es nicht auch bei den Profis in Design und Architektur, zumal als Ausweis von Kreativität oder Intelligenz und Klugheit genau diese Fantasie, entspannt, offen und klug mit der Gesetzgebung umzugehen und diese zu korrigieren, zu verbessern, zu weiten? Eigentlich wäre doch eben dies substanziell für das Design. Und solange die Gesetzgebung selber nicht begreift, endlich Qualitäten zu formulieren, sollten diejenigen, die dazu berufen sind, dies endlich wagen. Auch der Jurisprudenz zuliebe.

Einzelheiten

Paradiesische Versprechen
Zur verflixten Ambivalenz von Service Design

Immer wieder geschieht, dass sich heftig optimistische Reflexionen und Perspektiven dann doch wieder als bloße Widersprüche entpuppen. So geschah das auch mit dem einstigen Enthusiasmus der Entdeckung von Service-Design, also der Gestaltung von Dienstleistungen. Denn damals, als vor ungefähr 30 Jahren die ersten intensiven Projekte zu Service Design entwickelt wurden, galt das schier als Revolution innerhalb des tradierten Designs, ebenso wie im ökonomischen Diskurs. Allerdings eine Innovation, die wohlbegründet war; denn zumal ökologische Aspekte führten dazu, den Unternehmen endlich einmal zu erklären, dass sie selbst dann, wenn sie Objekte herstellten – etwa Autos, Waschmaschinen, Stühle und Tische, Kleidung oder Telefone –, de facto Dienstleistungen verkauften. Nämlich die Möglichkeit, sich eigenständig zu bewegen, zu waschen, zu sitzen und zu arbeiten, zu kommunizieren oder zu telefonieren. Was bedeutet, diese Objekte wesentlich als einen Teil innerhalb von Prozessen, hier von Dienstleistungen, zu verstehen, also den mit dem alten Objektgeschäft gehandelten Verkauf der Dinge in wirkliche Servicestrukturen zu transformieren. Was bekanntlich unter dem Titel „Nutzen statt Besitzen" schon vor langer Zeit einleuchtend als äußerst wichtig für die Schonung der Umwelt argumentiert und publiziert wurde.

Denn jene Transformation der Waren in Dienstleistung brächte eine vehemente Reduktion von Material, Energie und selbstverständlich von Müll. Da so viel weniger Gegenstände produziert werden müssten und zugleich eine gemeinsame Nutzung der Dinge sehr viel günstiger ist – und Design dazu zusätzlich herausforderte, die Gegenstände dementsprechend neu zu konstruieren, die Dinge für vielfältigen Gebrauch nutzbar zu formulieren. Nur stieß solche Gedankenwelt anfänglich keineswegs auf die Zuneigung der Unternehmen, zumindest nicht derer, die sich immer noch engstirnig als Objektverkäufer und gewiss nicht als Dienstleister wahrnehmen wollten.

Ebenso wenig Gegenliebe fanden diese Reflexionen im Design, das sich noch vor einem Jahrzehnt (und an den meisten entsprechenden Hochschulen bis heute) merkwürdig handwerklich auf Industrie- oder Produktdesign einerseits und auf Grafik- oder (nur vermeintlich ganz modern) Kommunikationsdesign beschränken mochten und kaprizierten. Das war in diesen Köpfen und Händen eindeutig geregelt, verlangte entsprechende Spezialisierung und begnügte sich mit solcher Einfalt. Noch vor drei Jahrzehnten, als in dem neu gegründeten Kölner Fachbereich Design eine Professur für Service Design eingerichtet wurde, wüteten die Designerverbände über solchen Unsinn und nannten das dümmlich oder gehässig „Service" – ausgesprochen wie die Bezeichnung für Geschirr – „Design". Nun hat sich Service Design mittlerweile an solchen Dummheiten vorbei international intensiv etabliert, haben sich insbesondere große internationale Unternehmen dafür begeistert und gewinnt dies im Design ständig an inhaltlichem ebenso wie an wirtschaftlichem Gewicht. Das steht längst außer Zweifel und erweist sich auch ökonomisch als Erfolg.

Anlass und Grund genug, jetzt voller Selbstbewusstsein diese Vorgänge, also sowohl Dienstleistung als auch die Dienstleistungsgestaltung in der ganzen Komplexität, die sich dabei entfaltet hat, aus neuen Einsichten heraus zu kritisieren. Inmitten der Euphorie durchaus radikal auf die trostlosen und furchtbaren Seiten dieses Vorgangs hinzuweisen.

Immerhin fand schon vor etwa zwei Jahrzehnten an jenem Kölner Fachbereich Design (heute die „KISD") ein Seminar unter dem Titel „Mords-Design" statt, in dem alle Bereiche des Designs unter diesen womöglich negativen Komponenten untersucht wurden – so auch Service Design beispielsweise unter der Maßgabe von Auftragsmord, also der explizit professionellen Weise solcher Tötungsdelikte. Wobei übrigens die an diesem Thema beteiligten Studierenden zu ihrem eigenen Entsetzen binnen weniger Tage herausfanden, wie und wo in Köln man Auftragnehmer solch geschäftlicher Vorhaben finden und engagieren konnte und wie teuer (nämlich recht preiswert) das war. Zugegeben, dies mag etwas obskur wirken (und tatsächlich erklärten einige am Design-Studium Interessierte, die sich am sogenannten „Tag der offenen Tür" ausgerechnet in dieses Seminar verlaufen hatten, erschrocken, sofort ihr Interesse am Design-Studium aufzugeben). Doch diese Ambivalenz von Dienstleistung und deren Gestaltung ist zutiefst realistisch. Meint doch Dienstleistung nicht etwas von vornherein Gutes? Zumindest kann man das keineswegs behaupten angesichts des so komplex entwickelten Dienstleistungssektors, der die Menschen unaufhörlich beschäftigt und die Gesellschaft substanziell durch eine Dienstleistungsschwemme umstrukturiert hat. Denken wir an etliche Bereiche innerhalb der Medizin mit all den grausamen Angeboten, das eigene Aussehen zu beschönigen, Kinder irgendwie zu produzieren oder schneller zu laufen. Oder an jene das menschliche Glück ignorierenden mystischen und in jener Ignoranz so erfolgreichen Kurse, Sekten und Zirkel, bei denen man irgendein Selbst finden soll, obwohl damit nur viel Geld verdient wird. Oder der Streit im Taxi-Gewerbe, dazu trügerische Versicherungen und sich bloß noch selbst genügende Banken, nebst einer heftigen Spaß-Industrie, da mit Events viel Geld zu machen ist. Überall treffen wir nun auf Dienstleistungen, und das gesamte Internet mitsamt den sogenannten „sozialen Medien", also das nahezu unendliche Spielfeld von Dienstleistungsangeboten, in das wir alle permanent hineingezogen werden, das längst seine eigenen Regeln von Ausbeutung verfügt hat und mit jeder App neue Geldquellen für Start-ups eröffnet, die wiederum, wenn sie denn wirklich Geld verdienen, sogleich von großen Unternehmen aufgekauft werden. Wobei allmählich – und das ist eben problematisch – die Objekte oder wenigstens das Bewusstsein von den Gegenständen verloren gegangen ist. So wird überall zwar für die prompte Lieferung von Essen, Kleidung und anderem Zeug geworben. Von der Qualität der Dinge oder der Mahlzeiten ist dabei kaum noch die Rede. Die ist ins Sekundäre, in die Beliebigkeit abgerutscht. Nicht ohne jämmerliche Konsequenzen, etwa dem Verlust an lebendigem Wissen und Qualität.

Aber es geht noch schlimmer. Die Schriftstellerin Juli Zeh hat, ich kann dies hier nur apostrophieren, kürzlich völlig berechtigt formuliert, alle autoritären Regime böten sich als Dienstleister an. Was auch in dieser Radikalität einfach stimmt. Beobachten wir unter diesem Aspekt (zugegeben, der Text verschärft sich jetzt) beispielsweise den so eklatant terroristischen „IS", der bekanntlich mit allen Mitteln zumal in Nordafrika und in den arabischen Ländern einen (angeblich) „Islamischen Staat" durchsetzen will. Er wirbt mit puren Serviceangeboten wie: Männer können viele Frauen haben, man darf als Selbstmord-Attentäter auftreten und wird dafür geschult, man entgeht der Hölle durch Bomben-Werfen, man ist wer und findet sich in einem gleichgesinnten Kollektiv, und man darf sich wichtig fühlen und lernt, wie das durch Terror geht. „Gefällt mir" wird dann geklickt. Alle solche Gruppen und ebenfalls autoritäre Regierungen und Parteien bieten demgemäße Dienstleistungen an und versprechen das Paradies, wenn man nur brav folgt und nach den Leitlinien handelt. Wer sich weigert, landet in der Hölle. Übrigens ein System, das durchaus schon von früheren autoritären Regimen umjubelt wurde, schafft es doch im Dienstleistungsangebot zumindest vorübergehend oder virtuell auch noch Arbeitsplätze. Der Bau der Autobahnen in Deutschland, befohlen von den Nationalsozialisten, die Trockenlegung der Sümpfe im Latium, südöstlich von Rom, und die Straßenpflege durch die „A.N.s"-Häuschen im faschistischen Italien. Dazu schon in jener Zeit die für solche Regierungen und Gruppierungen als Bild von Dienstleistung typischen Orgien von strukturierten Volksaufmärschen, Olympischen Spielen und anderen großen Ereignissen. Das ornamentalisiert die Menschen und die Gesellschaft, schafft kontrollierbaren Überblick, begleitet vom Enthusiasmus, der gewissermaßen Freude der daran Beteiligten. Im Chor wird gejubelt wie bei Facebook, Instagram und Co., man muss lediglich noch bestätigen, es gefalle einem. Die Dienstleistungen, die mittlerweile so wesentlich das gesellschaftliche Leben, die Wirtschaft und auch das Design strukturieren, haben sich allerorts durchgesetzt und treiben längst als Profitmaschinen die Gesellschaft vor sich her. Dies geschieht nicht allein durch Apple, Google, Amazon, Alibaba, Telekom etc.: Vielmehr haben inzwischen ebenso viele der avancierten Produkthersteller dies verstanden und ahmen munter nach.

Wesentlichen Anteil daran hat Design, und es ist eklatant, wie sehr inzwischen die großen Consulting-Agenturen auf Service Design setzen und solche Designstudios aufgekauft und aufgebaut haben. Immerhin ist beispielsweise der größte Arbeitgeber in Großbritannien für Design die Barclay Bank. Was nicht unbedingt bedeutet, dass solche Arbeitgeber die Kategorie von Service Design überhaupt genau verstanden haben, gleichwohl setzen sie dies – allerdings in der von ihnen gewählten einseitigen oder zumindest reduzierten

Weise – handfest um. Es geht dabei vor allem um IoT (Internet of Things), also die Vernetzung der Dinge und deren Durchsetzung beim allgemeinen Publikum, um den Versuch einer permanenten Gewissheit des Verhaltens der Gebrauchenden im Umgang mit den neuen digitalen Angeboten, auch um die verordnete Spielerei, wie um die unausweichliche Datenerhebung, eben um die permanente Kontrolle über das, was die Menschen meinen und wünschen und träumen. Nichts darf dem Zufall überlassen bleiben, denn sowohl autoritäre Regime als auch viele Unternehmen legitimieren sich vor sich selber lediglich dann, wenn sie über diese Kontrolle verfügen und so sich selber gewiss sein und überzeugend verkaufen können.

Da hilft Design. Nämlich erstaunlicherweise (im Vergleich zur Tradition und wohl auch noch zum allgemeinen gesellschaftlichen Verständnis von Design) als Forschung und als Beratung. Wesentlich beispielsweise ist derzeit vom Design die Fähigkeit für „UX" gefragt, für „Usability" und „User Experience". Design erforscht das Verhalten der Nutzerinnen und Nutzer, soll beschreiben, was diese anwenden und wie sie das tun. Um eben daraus neue Anwendungsformen und somit auch neue Verkaufsargumente zu generieren. Unbeschadet der Tatsache, dass „UX-Design" meist ziemlich banal und bloß quantitativ die Nutzungserfahrung stimuliert: Aus allgemeinen Umfragen oder sogenannten repräsentativen Studien wissen wir, dass auf einem bestimmten Abstraktionsniveau diese durchaus funktionieren. Und der Markt selber bedeutet nicht mehr als eben dieses Abstraktionsniveau. Mithin stimmt in sich selber alles problemlos.

Zum Glück jedoch nur in der Abstraktion. Denn die Brutalität der autoritären Regime und des ebenso de facto autoritären Marktes zerstört noch immer nicht alles, was zum Leben gehört. Wir reden völlig berechtigt von Widersprüchen. Denn es bleibt, dass auf der klugen Seite Dienstleistung, und somit ebenfalls Service Design, die Umwelt schont und zumindest partiell das menschliche Leben qualifiziert. Und dazu gehört zum Beispiel auch, dass Hacker vorzügliche Dienstleister sein können (übrigens durchaus im Sinn von qualifiziertem Service Design) – manchmal aber auch auf der dunklen Seite von Design zu finden sind. Wir wissen zudem, dass Menschen hinterrücks allemal Handlungsweisen und Denkformen entfalten, autoritäre Strukturen (sogar durchaus unbewusst) subversiv zu unterlaufen. Zum Glück nämlich gewinnen zwar immer wieder solche autoritären Regime oder okkupativen Unternehmen die Massen, verlieren aber mittelfristig oder langfristig. Nur braucht es die Aufmerksamkeit und die permanente Kritik, um mit den Widersprüchen umgehen zu lernen. Jetzt und jederzeit auch im Design.

Die Marke als Brandzeichen
Gestaltung von Denunziation

1. züchtig

Gelegentlich äußert sich die englische Sprache verblüffend deutlich. Ein gutes Beispiel dafür ist, dass das, was allgemein als „Marke" bezeichnet wird, also der sehr klar geprägte Name eines Unternehmens oder gegebenenfalls eines Produkts, als „Brand" benannt ist. Und das, was als Strategie dazu führt, als „Branding". Was wiederum völlig unverhohlen sich historisch auf jene Tradition der Rancher beruft, das Vieh mit Brandeisen zu markieren, ihm ein verbindliches Zeichen einzubrennen und somit dem jeweiligen Eigentümer zuzuordnen. Doch nicht nur Tiere gehören zur Geschichte von Branding, vielmehr wurden beizeiten zusätzlich zum Vieh Menschen, die Sklaven, in gleicher Weise gebrandmarkt. Wobei, man kennt das aus diversen Filmen, solche Brandzeichen mit viel Kunsthandwerk gestaltet und geschmiedet wurden, die Herrschaft ansehnlich zu dokumentieren. Besitz demonstriert sich gern in solcher Härte.

Nun lohnt durchaus, sich noch einmal zu vergegenwärtigen, wie sich solch eine Entwicklung von der Viehzucht zum heutigen Unternehmen vollzogen hat. Dabei ist schnell verständlich, dass schon sehr frühzeitig Unternehmen und davor ebenso Handwerksbetriebe sowie Finanz- und andere Dienstleister sich meist mit dem Familiennamen auszeichneten und diesen kunstvoll formulieren und auf diverse Datenträger drucken ließen. Eben der Unterscheidbarkeit zuliebe und dafür, stolz den Namen zu demonstrieren. Daneben jedoch hatten sich schon früh im Militär Formen entwickelt, sich durch spezifisch gestaltete Uniformen sowohl gegen andere militärische Formationen abzusetzen als auch innerhalb der eigenen Armee Hierarchien deutlich sichtbar zu machen. Zur Uniform kann man dann noch die Fahnen zählen, außerdem Regeln des Verhaltens, im preußischen Heer zusätzlich das „Gardemaß", möglichst einheitliche Größe nicht nur metaphorisch zu präsentieren, und die Schlachtgesänge, die später häufig zu Hymnen ausuferten. Diese Mittel, einer Gruppe Sichtbarkeit zu verschaffen, verknüpften sich im weiteren Prozess der Industrialisierung und dabei des Aufbaus immer größerer Unternehmungen zu dem, was zuerst mit auffälligen Logos begründet wurde: stolze Evidenz, die sich im Markt durchzusetzen hatte. Interessant genug übrigens, dass diese recht simple Information des Firmennamens so pathetisch hinterrücks die Bibel zitiert, eben mit jenen „Am Anfang war das Wort", wobei „Wort" bekanntlich aus dem griechischen Wort „Logos" (eigentlich für Begriff oder Vernunft und somit Anfang und Ende der Logik) übersetzt worden war.

Einer der Ersten, der die mögliche und auch für die Unternehmen zusehends notwendige Tragweite solcher Aktivität begriff, war Anfang des 20. Jahrhunderts der deutsche Jugendstil-Künstler Peter Behrens. Der arbeitete als praktischer Gestalter für die AEG, die große deutsche „Allgemeine Elektricitäts-Gesellschaft", und verstand lange, bevor andere dies kapierten, ansatzweise die Komplexität und den Einfluss der Gestaltung für den Markterfolg. Mehrfach erneuerte er das Logo der AEG, gestaltete drum herum Werbeprospekte, Kataloge, aber auch Produkte wie elektrische Wasserkocher und Ventilatoren, und sogar die Architektur des Unternehmens. So entstand das Konzept eines notwendigen Gesamt-Erscheinungsbildes eines Unternehmens, das tauglich sein sollte, den Markt zu dominieren. Einige Jahre später wurde dies von dem amerikanischen (aus Frankreich eingewanderten) Gestalter Raymond Loewy erneut aufgegriffen, indem er für etliche Unternehmen und Produkte die Brands „Coca-Cola", „Coop", „Exxon" und „Lucky Strike" zum Beispiel (re)designte. Womit Loewy allmählich das durchsetzte, was dann als „Corporate Design" zeitweilig für Furore sorgte.

Nun arbeiteten alle daran, die Präsenz der Unternehmen sichtbar oder drastisch anschaulich zu machen, als Zusammenhang zu verstehen und nach innen und außen darzustellen. Das war für sogenannte Grafikdesigner (Designerinnen spielten zu jener Zeit in den 1950er- und 1960er-Jahren noch kaum eine Rolle) ein wesentlicher Geschäftszweig. Anfänglich setzten sich dabei weitgehend sehr eindimensionale Formen durch, jeweils tatsächlich Uniformität für ein Unternehmen zu erreichen. IBM beispielsweise trat immer in einem spezifischen Blau auf, das, vom Logo ausgehend, ebenso die

Produkte, die Broschüren und die Werbung prägte – sah jemand dieses Blau, dann sollte diese oder dieser automatisch an IBM denken. Lediglich ein italienisches Unternehmen, damals heftiger Konkurrent von IBM, nämlich Olivetti, opponierte dagegen und bot als Gegenkonzept ein offenes Corporate Design an: Es gab mehrere und allesamt gebrochene Farbtöne, die miteinander kombiniert werden sollten. Mit der Maßgabe, nicht über ein eindeutig einheitliches Design, sondern über die Qualität der Konstellationen wirksam zu werden. Etwa so: Alles blau, also IBM – alles harmonisch, stimmig und irgendwie schön, also Olivetti. Immerhin war das komplexer gedacht.

Das bedeutete zugleich den Anfang einer neuen Saga, wie man Unternehmen aufzustellen und darzustellen habe. Denn nunmehr, also etwa seit den 1980er-Jahren, spürten insbesondere die mittlerweile sehr groß gewordenen und global agierenden Unternehmen, dass ihr Problem gar nicht mehr so sehr die Durchsetzung im Markt war (das meinte man jetzt mit Macht schaffen zu können), sondern dass die Binnenstruktur der Unternehmen, die interne Kommunikation, die Verbindlichkeit, das womöglich nötige Vertrauen, die Identifikation und die automatischen Abläufe sehr komplex und kompliziert geworden waren und den Markterfolg gegebenenfalls hätte verunsichern können. So wurde die Forderung nach „Corporate Identity" lautstark verkündet. Das Design sollte nunmehr helfen, diese internen Strukturen zu qualifizieren. Durch verbindliche Umgangsformen, klare und angenehme Innengestaltung, interne Zeichen für Zugehörigkeit und zusätzlich einheitliche, uniforme Präsenz nach außen. Seltsam euphemistisch hieß das in der deutschen Sprache dann „Unternehmenskultur", dabei verdeutlichte dies doch nicht mehr als das, was schon aus dem Militär und anderen autoritären Gebilden bekannt war: Wenn die Strenge der Regeln und Gesetze unterfüttert werden muss, dann genau durch Maßnahmen, diese als selbstverständlich und als eigen zu akzeptieren und für sich selber zu propagieren. Man soll daran glauben und die eigene Identität damit verknüpfen. Zugleich sich als Gruppe deutlich abgrenzen gegen alle anderen, eben gegen die, die angeblich nicht dazugehörten – was sich vorzüglich als Kommunikation verstehen lässt, da diese stets Absonderung impliziert; wer die Zeichen nicht versteht, ist raus. Dies geschah im Verbund mit Agenturen für sogenannte

Unternehmensberatung, die in dieser Zeit beträchtlich wuchsen, mit Architektur, da diese die Monumente der Selbstwahrnehmung und der Wirkung nach außen sichern sollte, und dem Design, dem dadurch immerhin deutlich Einsichten in die veritable Komplexität und den Einfluss dieses Metiers zugesprochen wurden und das dieser Herausforderung standhalten musste. Dabei allerdings gestaltete sich dieser Prozess in den diversen Unternehmen recht unterschiedlich. Einige gingen etwa so weit, dass der interne Sprachgebrauch gleichfalls vereinheitlicht und auf Positiv geschaltet wurde – zeitweilig durften Mitarbeiterinnen und Mitarbeiter der Frankfurter Messegesellschaft etwa nicht mehr davon sprechen, irgendetwas sei unten oder etwas anderes befände sich hinter diesem oder jenem; stattdessen musste man sagen „im Basement" und in dem anderen Fall „südlich" oder notfalls „nördlich", um jede Möglichkeit eines negativen Klangs auszumerzen. Ein anderes Unternehmen, nämlich der Leuchtenhersteller „ERCO", einst in der Gestaltung dirigiert von dem ehemaligen Mitbegründer der berühmten ulmer hochschule für gestaltung, Otl Aicher, beharrte nicht allein darauf, statt Leuchten Licht, herzustellen und zu verkaufen. Zusätzlich trat insbesondere in der Ära des Geschäftsführers Klaus Kürgen Maak (1963–2003), der die Kooperation mit Aicher besiegelte, eine so rigide Form der Corporate Identity hervor, dass sogar die Blumen auf den Schreibtischen spezifischen Gestaltungsprinzipien unterlagen und noch der Coca-Cola-Automat grau gespritzt werden musste, weil dessen ursprüngliches Rot nicht in das graue Gestaltungskonzept passte.

So, dies als Vorlauf zum Branding. Was letztlich und angesichts der genannten Entwicklung überhaupt nicht neu ist, lediglich der Gestaltung mehr Einfluss zuerkannt, etwas deutlich das Marketing hinzugefügt und ansonsten sich selbst eine neue Bezeichnung gegeben hat

2. verzeichnet

Branding also. Eine brutale Bezeichnung. Nämlich eine, die keinen Ausweg zulässt. Ein Brandzeichen kann man nicht mehr tilgen. Das bleibt. Für ewig. Und damit muss man sich abfinden und letztlich identifizieren. Womit die – eigentlich schon die ganze Zeit über spürbare – Kehrseite dieser Designprozesse offenkundig geworden ist. Denn irgendwie degradiert das Branding die Menschen, die die Angebote der Unternehmen kaufen und nutzen sollen, ebenso wie die Mitarbeiterinnen und Mitarbeiter der Unternehmen zu Viehzeug und zu Sklaven. Und dann zu solchen, die das alles auch noch leidenschaftlich glauben und deshalb folgsam sein sollen. Was nunmehr im erneuten Rückblick auf die Geschichte dieser Entwicklung die ganze Unmenschlichkeit solcher Firmenpolitik erläutert. Denn man kann sich nicht wirklich des Eindrucks erwehren, dass diese Vorstellung der Unternehmen fasziniert ist von dem, wie alles dies im italienischen Faschismus und insbesondere im Nationalsozialismus perfekt konzipiert, gestaltet, umgesetzt und durchgezogen wurde.

3. fasziniert

Womöglich stimmt sogar die Wahrnehmung, dass der deutsche Nationalsozialismus das, was sich später in den Unternehmen als Corporate Design und Corporate Identity durchsetzte, gewissermaßen beispielhaft und auf jeden Fall sehr frühzeitig vorwegnahm (und vielleicht sogar die Unternehmen davon hintergründig gelernt haben. Denn das Muster solcher Corporate Identity wurde im Nationalsozialismus eindeutig und als Gesamtgebilde mit aller Härte und Konsequenz erprobt und praktiziert. Und zwar in jedem Detail. Selbstverständlich im Versuch, nach außen zu wirken, insbesondere jedoch in der klaren Absicht, alle internen Abläufe absolut genau kontrollieren und implantieren zu können. Das reichte – neben Uniformen, Gesängen, Aufmärschen etc. – bis in das Mobiliar (die berüchtigte Verhör-Lampe, doch auch anderes Interieur, das mitsamt dem Rest durchaus auch in den damaligen Spielfilmen propagiert wurde) und selbstverständlich in Architektur und Gestaltung des öffentlichen Raums. Nichts sollte zufällig geschehen, andererseits aber das Angebot so präzise und damit überzeugend und funktional sein, dass sich die in diesem Land Wohnenden damit identifizierten und auf dieser Basis das Gefühl von Zugehörigkeit und von Sicherheit erringen konnten.

Wirklich, in den Unternehmen weltweit brauchte es einige Zeit, dies in ähnlicher Brutalität zu übernehmen.

Wobei nicht allein jene Merkmale und Verhaltensweisen die gesellschaftlichen Prozesse rigide geplant steuerten (und sich dann schier konsequent als Szenarien im Krieg durchsetzten), vielmehr kann so etwas lediglich gelingen, wenn zugleich Abgrenzungen und Ausgrenzungen drastisch gestaltet und eingesetzt werden. Denn erst diese Maßnahmen, sich als etwas Besonderes zu fühlen, vermindern Ängste (vor Arbeitslosigkeit, Erfolglosigkeit, Inferiorität etc.), kompensieren diese gezielt und ermöglichen zusätzlich eine Selbst-Aufwertung, sich als verlängerter Arm der staatlichen Macht zu fühlen und Feinde aufzuspüren. Als „Blockwart" oder auch bloß als Denunziant, fühlt man sich selbst als Teil der Macht und somit als mächtig. Das jedoch benötigt Signale, diejenigen zu kennzeichnen, die nicht dazugehören dürfen und sollen. Signale, die als solche von den Mächtigen erhoben und definiert beziehungsweise von entsprechenden Spezialisten gestaltet werden müssen. Entweder also die jeweils Herrschenden (oder heutzutage irgendwelche Kleinbürger und Rechthaber) entdecken, formulieren oder konstruieren ein bestimmtes Augenmerk auf mögliche Unterschiede und Eigenheiten im Aussehen, in Verhaltensweisen, Kleidung oder der Sprache von Menschen, die ausgesondert werden sollen. Dabei werden je nach gesellschaftlicher Situation und den Interessen jener, die andere auszugrenzen suchen, Merkmale erfunden und fixiert, die Segregation plausibel erscheinen zu lassen. Zum Beispiel aufgrund von Hautfarbe, von Größe, von Gesichtsform (berüchtigt schon seit dem 18. Jahrhundert durch den üblen Pietisten Lavater und dessen Behauptungen, Charaktere durch Physiognomie bestimmen zu können), Gewohnheiten auch des Essens, evident religiöser Zugehörigkeit und dergleichen mehr. Was im normalen Leben vermutlich keineswegs auffällig bis zu diesem Zeitpunkt war, gerät jetzt in das Zentrum von Distinktion. Und wird intensiv publiziert, also öffentlich verbreitet. Durch Karikatur, andere gestaltete Bilder und Parolen. Reicht das nicht, dann kommt noch mehr Design ins Spiel (das ja auch schon zuvor heftig die vermeintlichen Unterscheidungen durch Gestaltung unterstützt hat). Jetzt nämlich braucht es Merkmale, die man den Menschen, die ausgegrenzt werden sollen, anheften kann. Als Brandzeichen für diejenigen, die zu verfolgen waren.

4. begrenzt

Nun sollte der Verweis auf die Geschichte keineswegs die Gegenwart beschwichtigen. Im Gegenteil: Gerade das Design, aber zweifellos alle Menschen, sollten äußerst vorsichtig mit der Zuweisung von Merkmalen umgehen. Denn diese sind immer pure Projektion und Konstruktion. Selbst noch die mögliche Überraschung, dass ein Mann im gepflegten Anzug plötzlich betteln sollte, artikuliert bloß die allgemein propagierte Vorstellung, Bettler haben schäbig auszusehen. Der gesellschaftlich durchaus virulente – und mittlerweile sich wieder verstärkende – Vorbehalt gegenüber Menschen zumindest vermeintlich anderer Hautfarbe ist jämmerlich und erschreckend. Leute, die die deutsche Sprache flüssig beherrschen, sind keineswegs klüger als diejenigen, die gelegentlich stottern oder sich nicht so flüssig ausdrücken oder die der Sprache überhaupt nicht mächtig sind.

Doch immer noch und immer wieder partizipiert das Design an der Darstellung von Zugehörigkeit und Ausgrenzung. Nicht allein im Branding für Unternehmen, sondern ebenso im gesellschaftlichen Branding. Bloß ein kleines und unwesentliches Exempel: Auf Bahnsteigen deutscher Bahnhöfe existieren jene auf den Boden in gelber Farbe gemalten Rechtecke, die Raucherinnen und Raucher sehr klar vom Rest der Gesellschaft abgrenzen. Eine deutlich gestaltete Distinktion, in der man sich kaum wohlfühlen kann und soll. Auch hier wird Design tätig und genutzt, vermeintliche Identitäten zu konzipieren und Denunziation zu formulieren – auch wenn es in diesem Fall lediglich ums Rauchen geht, sind die Assoziationen zur gelben Abgrenzung in der deutschen Geschichte schlimm.

Zwischen Wonne und Gemütlichkeit

So kulturell unterschiedlich die Vorstellungen vom Wohnen auch sein mögen: Allerorten suchen die Menschen nach Wohnungen. Denn diese bieten, davon träumen die Menschen, allesamt eine Herberge, eine Unterkunft, Sicherheit und die Möglichkeit, sich einzurichten. Tatsächlich existiert dieser Mythos einer Realität von Wohnung als gesicherter Raum. Ist doch offiziell beispielsweise in den meisten sogenannt zivilisierten Ländern dem Staat der Zugang zur privaten Wohnung untersagt; und immerhin war ein wesentliches Resultat der frühen bürgerlichen Emanzipation in England Ende des 17. Jahrhunderts jenes berühmte Gesetz „Habeas Corpus Act" (übersetzt: „Du sollst den Körper haben oder über diesen verfügen"), das den Schutz der Privatheit damals in England sicherte. Eben „my home is my castle". Die Wohnung als Heim, das wie eine Burg geschützt sei. Zumindest rechtlich und auch virtuell. Wozu allerdings ebenfalls gehört, dass das Heim geheim sei, also alles, was dort geschieht, die Öffentlichkeit und somit auch die öffentliche Moral und allgemeine humane Vorstellungen nichts angehe, sich jeglicher Beobachtung entziehe. Ein Zustand, der auch von der Gestaltung genauso über die Jahrhunderte hinweg unterstützt worden ist. Gehören doch zu solchen Wohnräumen üblicherweise verschließbare Türen und Fenster, Vorhänge und in neuerer Zeit andere Installationen vor den Fenstern, um alle Blicke in diese hinein zu verhindern. Das ist ein in jeder Form gegen das Außen abgeschlossener Raum.

Um diesen Zusammenhang grundsätzlich noch besser zu verstehen, lohnt sich, die Sprache, die sich mit dem Wohnen verbindet, genauer zu betrachten: Dabei nämlich fällt erst einmal auf, dass das Wort „Wohnen" merkwürdigerweise von dem Wort „Wonne" abgeleitet ist. Wobei „Wonne" genau das umschreibt, was man heute damit verknüpfen mag: ein geradezu paradiesischer Zustand, großer Frieden mit viel Glück, alles jenseits irgendwelcher Probleme. Nämlich das, was womöglich noch heute im Rahmen der Wohnung erträumt wird. Doch noch ein anderes Moment schiebt sich in die Reflexion des Wortes „wohnen". Akzentuiert dieses Wort grammatikalisch doch eine Tätigkeit; denn wohnen ist ein Verb, ein Tätigkeitswort. Mithin bedeutet wohnen eine Aktion oder mehrere Aktivitäten. Wohnen tut und macht man. Erstaunlich an dieser Einsicht jedoch ist, dass offensichtlich den meisten Menschen zumindest in den entwickelten Industriegesellschaften dieser Zusammenhang entglitten ist. Wohnen ist zu einem Zustand geronnen. Man hat sich eingerichtet und begreift kaum noch, dass man aktiv wohnen müsste. Mitsamt der Idee oder dem Konzept ständiger Veränderung oder mit dem, dass Wohnen durch Tätigkeiten geschieht, durch das, was man in der Wohnung tut. Ganz im Gegenteil zu dem, wozu die Wohnungen geraten sind. Da man sich die inzwischen doch einrichten lässt, sie bestenfalls noch, nämlich als einzige Aktivität, mit Möbeln bestückt. Wobei ursprünglich ja auch das Mobiliar genau das bezeichnete, was mobil sein sollte, beweglich. Aber Sofas, Sessel, Schränke sind alles andere als beweglich und unterstützen lediglich den Zustand. Nämlich den, der von anderen gestaltet wurde, eben von Designerinnen und Designern, die jene Möbel entwarfen.

Auf diesem Weg hat sich vor allem eine Kategorie in die Vorstellungen vom (deutschen) Wohnen eingeschlichen: Gemütlichkeit. Was sich einst im 19. Jahrhundert im Biedermeier eben als grundsätzlich bieder artikulierte und deshalb im Design und ohnehin in gesellschaftlicher Kritik der 1960er- und dann erneut der 1980er-Jahre so heftig angegriffen und berechtigt kritisiert wurde, feierte in den letzten Jahren neue Urstände, geriet zum positiven Wohlgefühl. Interessant genug, kurz das Wort „Gemüt" zu erörtern. Das Gemüt nämlich entfaltete sich als Wort erst im Mittelalter und sollte gewissermaßen den Zustand seelischer Empfindungen und Gedanken erläutern. Wobei überraschenderweise in dem Wort „Gemüt" sich noch ein ganz anderes Wort versteckt, nämlich der „Mut" – womit wiederum ein aktives Element Grundlage ist, das Gemüt offenkundig Mut benötigt. Aber wie so oft, verflüchtigte sich diese Substanz, entfaltete sich das gemütliche Dasein als unaufregend, ausgeglichen und fern realistischer Hektik. Womit sich sogleich Bilder einstellen davon, dass zu Hause die Fenster und deren Vorhänge verschlossen werden, Gesellschaft und deren Aufregungen verbannt sind und das heimliche Heim sich durchsetzt. Womit die Gemütlichkeit sich ausbreiten möge.

Ein an und für sich diffuser Zustand, mit dem zumindest in Deutschland sich blitzschnell die Bilder von Sessel und Sofa, von Kamin und düsterem Licht oder von der Bettlektüre einstellen. Übrigens existiert dieses Wort „Gemütlichkeit" mittlerweile genauso ebenfalls in der englischen Sprache als „gemutlichkeit und als „la Gemütlichkeit" im Französischen.

Tatsächlich wollen offenbar viele Menschen, wenn diese wohnen, einfach kuscheln, sich abschotten. Dafür benötigen oder träumen sie ein Design, das ihnen genau solche Momente garantiert. Bieder, brav, einsilbig. Dies hat heute auf Möbelmessen Erfolg. Von Wonne und dem Gedanken, man könne oder müsste sich die Wohnung durch Aktionen gestalten und immer wieder neu formulieren, ist nun nicht mehr die Rede. Bleibt zu hoffen, dass erneut – wie in den 1960er-Jahren – das Design sich gegen solche Langeweile und Beliebigkeit zur Wehr setzen und den Menschen helfen wird, endlich wieder in den Wohnungen lebendig zu leben.

Immerhin hat es sowohl im Design als auch in der Architektur etliche Versuche gegeben, das Wohnen wieder zu verlebendigen. So wurde das Mobiliar leichter und damit beweglicher gestaltet – im Bewusstsein davon, dass Möbel namentlich doch beweglich, eben mobil sein sollten. Ende der 1960er- und Anfang der 1970er-Jahre wurden statt Sofas und Sesseln die „Wohnlandschaften" entworfen, also Objekte, die in ihrem Gebrauch nicht a priori definiert waren, sondern von den Bewohnerinnen und Bewohnern so genutzt werden konnten, wie diese gerade wollten: Man konnte sitzen oder liegen, alles leichthändig verändern, gewissermaßen zwischen dem Mobiliar spazieren gehen. Dazu kamen Entwürfe von beweglichen Wänden und gab es ohnehin den Wunsch, eine Wohnung nicht länger kleinteilig in Zimmer aufzuteilen, vielmehr einen möglichst großen Raum zu haben, in dem variable Inseln vielfältig genutzt werden konnten. Oder Wohngemeinschaften, die das Konzept umzusetzen versuchten, den größten Wohnraum gemeinsam und somit in der Nutzung offen (mit Hang zum Chaos) zu gestalten.

Auch bei Möbeln stellt sich etwa die Frage, ob es nicht viel angenehmer, abwechslungsreicher und funktionaler wäre, sie einfach für eine bestimmte Zeit zu leihen. So könnte spannende Veränderung ins Leben kommen oder je nach Lebens- und Arbeitsabschnitt mit dem dafür angemessenen Mobiliar die eigene permanente Veränderung der Vorstellung vom Leben umgesetzt werden.

Schon lange vor der Erfindung und Durchsetzung des Internets gab es Forderungen und teilweise Umsetzungen, Leben und Arbeiten stärker miteinander zu verflechten. Und zwar, indem der Wohn- auch zum Arbeitsort wurde, wo anstelle festgefügter Büro-Arbeitszeiten und der davon strikt getrennten Privat- und Familienzeit diese Spaltung aufgelöst wäre, Leben und Arbeiten als ein gemeinsamer Lebenszusammenhang begriffen würden. Dieser zuweilen etwas euphorische Enthusiasmus übersieht dabei allerdings, dass wahrlich nicht alle Lebens- und Arbeitsformen gleichermaßen für ein glückliches Ineinander von Erwerbsarbeit und wie auch immer gearteter Privatheit geschaffen sind. Hier legt sich auf viele nicht privilegierte Lebensverhältnisse der Schatten der zu kleinen und teuren Wohnungen, die alles andere als geeignet sind, darin auch noch der bezahlten Arbeit nachzugehen. Besonders kompliziert und häufig psychisch wie physisch belastend kann diese Nicht-Trennung von Privatheit auf der einen und bezahlter Arbeit auf der anderen Seite sein, wenn kleinere Kinder im Haushalt leben. Denen ist häufig nur schwer zu vermitteln, dass die Mutter oder der Vater (meist jedoch sind Frauen noch immer deutlich stärker davon tangiert) zwar anwesend, aber nicht wirklich da oder empathisch ansprechbar sind. Die neue Bedeutung des Homeoffice hat durch die Existenz einer Pandemie eben gerade nicht nur zur freieren Verfügung über Zeit und zu selbstbestimmten Entscheidungen geführt, sondern häufig im Gegenteil soziale Bedingungen bei vielen Familien zum Schlechteren verwandelt. Wie erwähnt, hängt die Bewertung dieser neuen pandemisch erzwungenen Wirklichkeit des Lebens und Arbeitens an einem – und dann noch dem privaten – Ort sehr stark von der Art der Arbeit, den Finanzen sowie den Bedingungen des privaten Lebenszusammenhangs ab. Insbesondere Frauen, so scheint es, wurden durch das neue Homeoffice verstärkt auf traditionelle Rollen zurückgeworfen, die bereits als potenziell überwunden geglaubt wurden. Oder vielleicht doch anders: Überkommene Arbeitsteilungen zwischen den Geschlechtern traten durch die unfreiwillige Arbeit zu Hause schärfer hervor – Geschlechterungerechtigkeit im Brennglas des Homeoffice.

Nun hat sich auch das Wohnen in den letzten Jahren mit der gesamtgesellschaftlichen Durchdringung des Internets und den unübersehbaren sozialen und digitalen Medien noch einmal sehr grundsätzlich gewandelt. Ging man einst aus der Tür, um die Welt außerhalb der eigenen Wohnung zu erleben, oder schaute man zumindest aus dem Fenster hinaus und staunte gelegentlich über die Prozesse in den Straßen und über das Wetter, so erfährt man heutzutage die Welt zu Hause. Was anfänglich bei der Erfindung des Telefons schon verwunderte, nämlich in der eigenen Wohnung einfach so weit entfernte Personen oder Prozesse hören zu können, verstärkte sich mit dem Radio, noch eklatanter mit dem Fernsehen, da man im Sofa sitzend sich selbst glauben machen konnte, man sei in der Welt unterwegs. Zumindest musste das Hirn mächtig trainiert werden, die Fernsehbilder nicht als eigene Wirklichkeit zu interpretieren. Und heute können wir via Laptop und noch mehr über das Smartphone jederzeit irgendwo unterwegs sein, ohne die eigene Wohnung jemals zu verlassen.

Auch diese Entwicklungen nötigen Design und Architektur zu neuen Angeboten und Entwürfen. Was wiederum darauf verweist, dass jegliche Gestaltung zu beobachten und zu verstehen hat, was die Menschen tatsächlich tun, wie sie das Gestaltete im Umgang verändern. Oder auch, welche Träume oder Albträume sich diesseits von Marketing und Werbung durchsetzen.

Schöne Neue Welt

Es gibt kaum eine andere Sparte, in der sich Design so austoben kann, wie im Science-Fiction-Film. Dort gestaltet es bisher möglichst noch nie gesehene Raumstationen, Flugkörper, Vehikel, Mobiliar, Kommunikationsmedien, Kleidung, Brillen, Accessoires und noch so viel mehr. Alles muss neu aussehen, ungewohnt – und dennoch kenntlich, denn die Zuschauenden müssen das einordnen können in ihr tradiertes System und zugleich als verrückt und völlig anders wahrnehmen. Ein merkwürdiges Paradoxon, das wir allerdings an vielen Stellen des alltäglichen Lebens wiederfinden.

Doch bleiben wir noch bei den Fiktionen: Schon im neueren Theater des 19. Jahrhunderts mit allen seinen Requisiten und dem illusionären Bühnenbild werden Wohnlandschaften und Außenbereiche gestaltet, die jeweils mehr oder minder historisch oder kleinbürgerlich beziehungsweise bürgerlich oder sogenannt modern erscheinen. Dazu kommt das Licht-Design, das Atmosphäre schafft, virtuelle Realitäten. Eine Art Grundlage von Design, das sich allerdings als solches noch gar nicht verstand. Im Film wurde das fortgesetzt mit zusätzlichen Perspektiven, anderen Möglichkeiten der Blicke und der Akustik und höherer Geschwindigkeit. Ebenso im Fernsehen und heutzutage in all den neuen Medien. Wie sehr übrigens dies zumindest mittlerweile als Design verstanden wird, kann man schon daran erkennen, dass beispielsweise Serien leicht in der Lage sind, große Moden zu stiften – für die Einrichtung der eigenen Wohnung, Kleidung, den Erwerb von Automobilen, Motorrädern, Fahrrädern, technische Gadgets oder für ein bestimmtes Essen. Auch in diesem Zusammenhang beeinflusst das Design alle Lebensbereiche zutiefst, wird es dazu verdonnert, die Originale des Designs vereinfacht zu reproduzieren. Wie in der Mode: Der Laufsteg und die Haute Couture sind die eine Sache, Kleidung für die Allgemeinheit Prêt-à-porter und bloße Nachahmung.

Vergleichbares finden wir im Ausstellungsdesign auf Messen oder anderen Expositionen und noch in manchen Schaufenstern. Geglückte oder raffinierte

Konstruktionen dieser Art schaffen es, die Betrachtenden einzubeziehen, offenbaren die Möglichkeit der Identifikation mit dem Ausgestellten und erwecken so Leidenschaft und die Gier, das oder Vergleichbares erwerben zu wollen. Ähnliches gelingt dem Theater, dem Film und anderen Medien, eben die Zuschauerinnen und Zuschauer zu involvieren und ihnen die Illusion von Partizipation zu vermitteln. Da gab es zwar einmal einen Bertolt Brecht, der mit seinem „epischen Theater" statt Einfühlung eine Distanz zur Rolle anstrebte; und da waren die Surrealisten, die den Gegenständen ihre Gegenständlichkeit absprechen wollten, sodass niemand mehr glauben könne, sich in den Bildern und damit auch den Filmen etwa heimisch einzurichten. Auf der anderen Seite die vielfachen Versuche unter anderem von Konstruktivismus, Dada und Späteren, die sich anheischig machten, den Objekten wieder zu ihrer Widersprüchlichkeit zu verhelfen. Keine Chance, das Design setzte sich durch, konstruierte und realisierte Zauberwelten, um möglichst viele Menschen in ihre Arrangements einzubeziehen und somit die Dinge als Dinge zu verkaufen. All das übliche Designgerede über solch rigide Kategorien wie Funktionalität oder Ergonomie entpuppt sich auf diesem Weg als blasse Täuschung, wenn doch die Funktion sich nur darin wiederfindet, Menschen zu überreden und einzuheimsen, oder Ergonomie als Norm-Gestaltung zu definieren. Alles formulierte Illusionen. Mit solchem Design versuchen die Menschen, sich zu Hause und in der Umwelt einzurichten – und werden doch bloß eingerichtet. So fühlen sie sich am Ende heimisch in Scheinwelten, bewegen sich mit modisch zugerichteten Fahrzeugen in einer fiktiven Umwelt. Auch ein Resultat von Design.

Gestaltete Obsoleszenz

Schon vor etlichen Jahren geschah es, dass ein großer deutscher Hersteller von Trinkgläsern einen Designspezialisten einlud und diesen mit folgendem Problem konfrontierte: Bekanntlich verkaufen sich in Deutschland nach dem Krieg und ohne Erdbeben Trinkgläser nur sehr schwer, denn die Menschen hierzulande werfen Gläser ungerne weg, heben diese lieber auf und nutzen sie weiterhin und vielfältig; und so viele Gläser zerbrechen offenbar nicht, als dass sie mittelfristig steigende Umsätze versprächen. Also ein Problem für Unternehmen, die solche Trinkgläser herstellen. Nun hatte diese Firma eine eigenartige Erfahrung gemacht: Irgendwann war den Technikern des Unternehmens bei der Konstruktion eines Rotweinglases ein Fehler unterlaufen, denn ausgerechnet in der Verbindung zwischen dem Stiel des Glases und der Cuppa, also dem oberen Schalenteil, hatte sich ein technischer Fehler eingeschlichen, der dazu führte, dass jene Cuppa, stellte man das Glas ein wenig zu heftig ab, einfach vom Stiel fiel. Womit das Glas klarerweise zerstört war. Überraschend jedoch für das Unternehmen war, dass ausgerechnet dieses Glas Verkaufserfolge erzielte, weil eben jeweils ein Ersatz für das kaputte Glas gekauft wurde. Ein wirklicher finanzieller Erfolg. Doch dem Management in diesem Unternehmen war das irgendwie unangenehm, sie mochten nicht für technische Fehler schuldig sein. Gleichwohl träumten sie davon, diesen großen Umsatz mit irgendwelchen anderen Mitteln zu erreichen. Und genau deshalb fragten sie einen Designfachmann, ob man denselben Effekt nicht ebenso durch ein etwas außergewöhnliches Design erreichen könnte. Also Beschleunigung des Verkaufs durch eine jeweils sehr eigenwillige und modische Gestaltung, die womöglich nach zwei oder drei Jahren den Käuferinnen und Käufern nicht mehr gefallen würde, weshalb sie neue Gläser desselben Unternehmens erwerben würden. Na gut, jener Designspezialist riet davon ab, versuchte, das Unternehmen zu überreden, dann doch lieber das Angebot nicht länger auf Trinkgläser und deren mühsamen Verkauf zu beschränken, sondern mit der Kompetenz des Glasherstellers neue Produkte zu schaffen. Aber das Gespräch führte auf diesem Weg zu nichts, vielmehr suchte besagtes Unternehmen weiterhin nach solch einer simplen Lösung des Problems.

Kurz danach trat ein bekannter deutscher Hersteller von Teppichböden mit genau dem Konzept auf, durch modische und bloß immer sehr zeitgemäße Gestaltung den Umsatz zu erhöhen. Man ahnt, dass die Hersteller von Teppichböden von einer vergleichbaren Umsatzproblematik wie die Glasindustrie betroffen sind: Denkbar ist zwar, dass Menschen einzelne Teppiche austauschen und sich immer wieder neue kaufen – aber ganze Teppichböden mitsamt den damit verbundenen Kosten auch des Teppichverlegens? Allerdings radikalisierte dieses Unternehmen für Teppichböden den Gestaltungsprozess in der Weise, dass man nicht Designerinnen und Designer, sondern Künstlerinnen und Künstler damit beauftragte, neue Designs zu entwerfen. Teilweise sehr bekannte Künstler wie Roy Lichtenstein oder Sol Lewitt, aber auch andere, die in jener Zeit, da dies geschah, zwar eine gewisse Bekanntheit erreicht hatten, mittlerweile aber nahezu vergessen sind. Zumindest zeitweilig war diese Kampagne sehr erfolgreich, schaffte sie doch genau den erwünschten Effekt, dass Menschen diese künstlerischen Teppichböden in ihren Häusern und Wohnungen verlegen ließen – und nach wahrscheinlich spätestens jeweils zwei Jahren davon die Nase voll hatten. Denn diese Teppichböden knallten in ihrer Farbigkeit, vertrugen sich kaum mit anderer Einrichtung und veralteten blitzschnell.

Gestaltete Obsoleszenz als substanzieller Aspekt der derzeit viel kritisierten geplanten Produktalterung, also jener vielfältigen Maßnahmen von Unternehmen, dafür zu sorgen, dass Produkte eine garantiert kurze Lebenszeit anbieten. Was schon technisch ziemlich einfach herzustellen ist: Irgendwo werden kleinere Verbindungsstücke zwischen Metallteilen nicht aus Metall hergestellt, sondern aus möglichst billigem Kunststoff, der schnell verschleißt; an anderer Stelle schneller Zugang zu Rost, irgendwo sonst könnten Teile sich aneinander reiben und auf diesem Weg sich gegenseitig zerstören. Da gibt es sehr viele Möglichkeiten, und da sind die Unternehmen mitsamt den Ingenieuren und dem Design offenbar sehr findig. Zusätzlich erschwert oder verhindert die Reparatur und bewirkt so, dass die Geräte, wenn sie irgendwo eine kleine Beschädigung aufweisen, immer gleich weggeworfen oder dass nicht kleine Teile, hingegen ganze Brocken ausgewechselt werden müssen und somit noch an der Reparatur sehr viel Geld verdient wird. Alles übrigens nicht neu. Schon Anfang 1925 zum Beispiel vereinbarte das „Phoebus-Kartell", zu dem unter anderem Osram, Philips und General Electric gehörten, Glühbirnen nicht länger als 100 Stunden brennen zu lassen.

Klar, unter ökologischen Gesichtspunkten bedeutet all dies eine Katastrophe, nämlich die ständige Produktion von Müll und die Ausbeutung von Ressourcen. So intensiv gelegentlich diese Kritik auch ausfällt, von Design ist dabei merkwürdigerweise kaum die Rede. Dabei spielt das Design in diesem Prozess eine sehr gewichtige Rolle. Drastisch verdeutlicht sich das in letzter Zeit im Konsum von Smartphones, da die Hersteller mindestens jedes Jahr neue Modelle anbieten und diese neuen Modelle insbesondere deshalb neu sind, weil sie abweichend von den alten Modellen gestaltet sind. Wozu nicht allein die äußere Gestalt, vielmehr ebenso die Handhabung und neue Apps gehören, die allesamt wiederum vom Design formuliert sind. Insofern verhalten sich jene Unternehmen, die technische Produkte oder auch Gläser und andere Gebrauchsgüter herstellen, derweil nicht anders als diejenigen, die ausdrücklich Mode anbieten. In der Mode nimmt irgendwie niemand übel, dass mittels Design zumindest nach jeweils sechs Monaten – bei einigen Firmen inzwischen nach jeweils einer Woche – neue Kollektionen auf den Markt kommen, und all jene, die sich als zeitgemäß darstellen möchten, dazu bringt, die Kleidung der vorherigen Saison zu entsorgen, also wegzuwerfen.

Das Design bietet sich in diesem Zusammenhang als eine vorzügliche Zeitmaschine an, für solch geschwinde Vermarktung stets die Basis zu schaffen. Möglichst verbunden mit der Vorstellung für die Menschen, deren Individualität sei unabdingbar verknüpft mit genau diesem Hunger, stets auf der Höhe der Zeit zu spazieren. Zweifellos könnte und sollte das Design sich dagegen wehren, diese banalen neuen Wege einzuschlagen. Immerhin propagierte der „St. Moritz Design Summit", eine jährliche Versammlung von stets etwa 30 der global kompetentesten Designerinnen, Designern und Designfachleuten, bereits vor mehr als 15 Jahren, diejenigen, die in diesem Metier arbeiten, sollten etwa alle zehn Jahre für ein Jahr keine neuen Entwürfe entwickeln, sich vielmehr eine Auszeit nehmen und nachdenken oder etwas anderes tun.

Reklamationen
Gestaltete Einsichten zu verklärten Aussichten

Wenn man mit einer Straßenbahn fährt, erlebt man seit einiger Zeit Folgendes: Der versuchte Blick aus dem Fenster, der doch so attraktiv die Straßenbahn von dessen unterirdischem Pendant, der U-Bahn, unterscheidet und die entsprechende Stadt ansehnlich darstellen soll, wird gepixelt und ist durch diverse Farbpartikel auf den Scheiben unmöglich. Die Aussicht ist zerstört, lässt lediglich noch bunte Schatten der Stadtansicht übrig. Von außen betrachtet, erläutert sich dieses Phänomen: Die Waggons vieler Straßenbahnen sind komplett, also auch die Fenster, von Werbegestaltern mit manchmal fast undurchsichtigen Folien beklebt, die für irgendetwas werben. Die öffentlichen Verkehrsmittel nämlich sind zumindest schon partiell und gewiss mit steigender Tendenz zu Werbeträgern geronnen. Für Fußballvereine, Waschmittel, Computer, Reiseveranstalter und vieles andere.

Nur schnell als Nebengedanke: Galt einst die farbige Bemalung von Gebäuden und Verkehrsmitteln durch die Nutzung von Spraydosen als strafrechtlich verfolgbares Delikt, so ist dies längst schick geworden und für die Werbung nützlich. Beim Problem der beklebten Straßenbahnen könnte man mit gutem Recht einwenden, diese öffentlichen Verkehrsmittel hätten gewissermaßen immer schon geworben. Eben für die jeweilige Stadt, in der sie sich durch den öffentlichen Raum bewegen. Nämlich als ein substanzieller Teil des Corporate Design, also der sehr präsenten Selbstdarstellung der entsprechenden Stadt. Farbig waren diese Fahrzeuge immer, meist in den Farben der betreffenden Stadt. Beispielsweise in Rot und Weiß für Köln. Kam man dort von irgendwo anders an, erinnerten einen spätestens beim zweiten Mal die Bahnen daran, wo man war.

So warben demgemäß die Straßenbahnen mitsamt ihrer Bemalung für ihr jeweiliges Zuhause, für die Stadt, die sie repräsentierten. Nur betraf das die Stadt selber und führte durchaus zu einem Wohlgefallen, zu einer gewissen Befriedigung, wieder zu Hause zu sein oder wenigstens zu wissen, in welcher Stadt man gelandet war. Was eigenartig sogar für jene Stadt galt und immer noch gilt, in der diese komplette Nutzung der Straßenbahn für die geschäftige Werbung erfunden wurde. Für Hongkong. Denn in Hongkong Central, also im südlichen Teil der großen Stadt, fuhren schon seit Jahrzehnten in einem langen, gleichwohl weitgehend gradlinigen Schienensystem jene doppelstöckigen kurzen (immer nur ein Waggon) Straßenbahnen herum, die alle ohne jede Ausnahme komplett, allerdings ohne die Fenster und ohne den Blick aus ihnen heraus zu verhindern, mit Werbung „bemalt" waren und immer noch sind. Doch wirkt dies ganz anders, gehört es, weil schon so alt und einst einzig auf der Welt, also originell, zur Identität von Hongkong. Ist es eines der typischen Motive für touristische Fotos und ebenso für Publikationen von und über Hongkong. Das war lange Zeit und ist noch heute wegen der so eigentümlichen Formate der Straßenbahn (kurz und doppelstöckig) etwas Besonderes.

Was für die neuen städtischen Reklamebahnen keineswegs zutrifft. Die sind in der Farbgebung zwar, wie man so sagt, technisch ausgereifter, nur unter anderem deshalb auch so viel aufdringlicher und unansehnlicher. Offenbar existiert da seit einiger Zeit eine Technik, recht schnell die gesamten Gefährte inklusive der Fenster mit Folie zu bekleben. Nichts davon wirkt auch nur annähernd wie eine durchdachte Gestaltung, und das Ergebnis ist lediglich, dass wir weder unbeeinträchtigt aus dem Fenster hinausschauen können noch angesichts der Straßenbahnen wissen, wo wir sind.

Gut, man könnte an dieser Stelle einwenden, es habe Werbung auf den öffentlichen Verkehrsmitteln schon länger gegeben. Hässlich genug, doch das waren lediglich Banner, die unterhalb der Fenster und der Unterkante der Waggons für irgendein Produkt oder eine Dienstleistung werben sollten, keineswegs jedoch den Gesamteindruck und die spezifische Farbigkeit der Bahnen demolierten. Also die Gesamt-Gestaltung der öffentlichen Verkehrsmittel nicht komplett ruinierten. Immerhin machen öffentliche Verkehrsmittel einen beträchtlichen Teil des Public Design einer Stadt aus. Und solche Fahrzeuge implizieren hochkomplexe Aufgaben für die Gestaltung sowohl im Innenraum – Sitz- und Stehplätze, Licht und Beleuchtung, Haltegriffe, Anordnung des Fahrersitzes inklusive der entsprechenden Bedienelemente sowie alle

Tasten für Ein-und Ausstieg, Türöffner, ebenso die Türen und deren Mechanismus selber, den Prozess des Aussteigens zu regeln –, aber auch die Fahrgeräusche, die Ankündigung von Haltestellen und dann noch die gesamte nicht sichtbare Fahrtechnik. Hinzu kommen die äußere Präsenz, die Stromabnehmer, die Lichter, der gesamte Komfort und anderes mehr.

Und eben die Fenster mitsamt Ausblick. Nun haben sich die Menschen in wirtschaftsorientierten Kulturen schon lange an die Intervention von Werbung im öffentlichen Raum gewöhnen müssen. Überall blockieren Plakatwände und mittlerweile jene beleuchteten Billboards die Perspektive und haben längst etliche Architekturen vernebelt. Was nicht an und für sich bloß stört – und immerhin hat ja auch ein Künstler wie Andy Warhol als Plakatmaler, Werbegrafiker und Schaufensterdekorateur angefangen. So gehört das mittlerweile irgendwie zur visuellen Kultur des urbanen Raums, allerdings mit der untröstlichen Tendenz, dass im Rahmen der Globalisierung auch der Werbung alle Städte so ziemlich gleich aussehen. Doch Straßenbahnen mit jener Werbung, die sogar noch den Blick nach draußen be-, wenn nicht verhindert, macht den Waggon fast zum Bunker. Egal nur für diejenigen, die ohnehin nicht mehr um sich herumschauen, sondern allein noch auf ihr Smartphone. So zerstört die Werbung skrupellos das Design von Straßenbahnen und insgesamt von Urbanität. Und wer wiederum gestaltet die Werbung für jene mobilen und stationären städtischen Orte? Offenkundig ja Designerinnen und Designer. Was im Fall der Straßenbahn ganz einfach bedeutet, dass hier Designerinnen und Designer, die solche Straßenbahn-Zuklebefolien gestalten, das Design jener Designerinnen und Designern, die den öffentlichen Verkehr, also die Bahnen, designten, vernichten oder zumindest stören. So kämpfen im Design seltsam die einen gegen die anderen. Zum Schaden derer, die damit leben müssen. Uneinsichtig und ohne Ausblick.

Sum Sum Sum
Design und Ich-Telefon

So spielen sie herum mit ihren mobilen und angeblich so intelligenten Telefonen, streicheln diese, als seien diese ein wesentlicher Teil von ihnen und somit die Wirklichkeit. Das reicht, mehr Geselligkeit braucht es nicht. Ja, es ist schon erstaunlich, wie weitsichtig und zugleich brutal eindeutig das Unternehmen „Apple" gelegentlich handelt. Hat es doch schon mit der Einführung des „iPhone", also des „Ich-Telefons", frühzeitig die gesellschaftlichen Veränderungen jenes erträumten Ich als Marketingstrategie verstanden.

Tatsächlich entpuppte sich das einst in der Entwicklung der bürgerlichen Gesellschaft so aufwendig entdeckte und pathetisch gefeierte Ich in der Gegenwart als äußerst fragil oder sogar fragwürdig. Denn dieses Ich als Auseinandersetzung mit der materiellen und gesellschaftlichen Wirklichkeit und als kompetentes Selbstbewusstsein verschwimmt zusehends in gedankenleerer Selbstüberschätzung und infantiler Isolation. So ist aus der großen Anstrengung des „cogito ergo sum" (ich denke, also bin ich) ein „phono ergo sum" (ich nutze das Smartphone, also bin ich) geworden. In der heutigen Wahrnehmung und Bestätigung unseres Selbst geriet das Smartphone ins Zentrum und zum Ersatz komplexer Sozialität. So kommt gewissermaßen automatisch ein neuer Erwachsenen-Autismus zum Tragen, der früher für Kinder und Pubertierende reserviert war: die Fantasie – als Wunsch und Angst zugleich – man sei ganz allein auf der Welt. Und diese infantilen Dimensionen werden nun von den Smartphones für alle Altersgruppen befeuert.

Beispielsweise blicken viele, die solche Apparate ständig in den Händen halten, erstaunlich häufig darauf, um sich zu spiegeln (auch wenn der Spiegeleffekt oft wegen Fettfinger- und sonstiger Abdrücke zu wünschen übrig lässt); also sich immer wieder der eigenen Existenz zu vergewissern. Womit wir mitten drinstecken in dem berühmten Erlebnis kleiner Kinder (Jacques Lacan verortet das „Spiegelstadium" zwischen dem 6. und 18. Lebensmonat), plötzlich im Spiegel nicht länger irgendjemanden oder irgendetwas, vielmehr sich selber als Ganzheit zu entdecken. Womit sprachlich einhergeht, sich nun nicht mehr in der dritten Person zu benennen, sondern als „Ich". Und irgendwie geschieht dies immer wieder beim Blick in den Spiegel, da dieser doch nichts anderes als der Ausdruck von Verunsicherung ist, ob man selber sei. Schon Narziss verzweifelte bekanntlich an diesem Phänomen, hatte also das Spiegelstadium besagten Kleinkindes noch nicht erreicht, da er sich – unerkannt – in sich selbst verliebte. Was jegliche Distanz zum Objekt und damit auch die Objekte als Widerstände verschwinden lässt. Allein noch blanke Unmittelbarkeit existiert oder die Sehnsucht danach und damit keinerlei Reflexion der Mittel, der Medien, die man nutzt, und niemals kommt Kritik daran auf. Stattdessen wird dieser so wesentliche neue Teil des Selbst ganz kindlich gehegt und gepflegt und deshalb auch sehr gerne eingekleidet. Mit neuester Puppenmode. Und mit diesen Püppchen plappert man in reduzierter Kindersprache und mit süßen Emojis, den kleinen netten und einfach erbaulichen Kindergesichtern. Die ganz kindisch schmollen, weinen oder fröhlich strahlen.

Eklatant eröffnet sich diese infantile Perspektive der Smartphones seit (oder vielleicht schon wieder: vor) einiger Zeit in der törichten Aktivität, nämlich dem „extreme phone pinching": Das eingeschaltete und dabei Ton und möglichst auch per Video Bilder aufnehmende und sendende hoffentlich teure Ich-Telefon wird an einer Ecke mit dem Mittelfinger und dem Daumen lose gehalten und dabei fürchterlichen Gefahren ausgesetzt: zum Beispiel ganz nah über einem Gully oder zwischen der sich langsam schließenden Fahrstuhltür oder mitten im dichten Verkehr aus dem Fenster des Autos und ähnlichen berauschend riskanten Situationen. Dabei ist ganz wichtig, dass Herumstehende oder für das Video extra Herbeigeorderte dem Smartphone lauschen und entsetzt schreien „Tu es nicht!", „Oh no!" oder so ähnlich. Die existenzielle Angst, dieses wertvolle und so intensiv mit dem Ich verknüpfte Ich-Gerät könnte zerstört werden, durchweht die Szenerie, man rastet schier aus vor Furcht und betet besorgt um die weitere Existenz. Wer nicht weiß, wer oder was da solch riskanten Mutproben ausgesetzt wird, könnte meinen, es handele sich um ein Baby. Zugleich aber braucht es den Panik-Kick, das rasende Adrenalin, um glücklich zu sein. Auch diese Ambivalenz von Furcht und Freude kennen wir von Kindern, zum Beispiel, wenn sie durch die Luft geschleudert werden oder in einem Karussell sitzen. Was hier der Schwindel, ist dort das Risiko des gegenständlichen Absturzes. Nun mag dies extrem erscheinen, gleichwohl fasst es lediglich zusammen, was die Smartphone-Süchtigen längst substanziell umtreibt: Das Telefon darf niemals aus der Hand gegeben und nirgendwo vergessen werden, und der Diebstahl solch eines Ich-Telefons gilt schon jetzt fast als Körperverletzung. Wer kennt nicht jene Menschen, die, weil sie es zu Hause vergessen haben, Termine platzen lassen und große Entfernungen mühsam auf sich nehmen, nur um das Ding wieder in den Händen, also bei sich zu haben – bei sich selbst zu sein.

Schon Sigmund Freud beschrieb dieses Phänomen 1920 in „Jenseits des Lustprinzips" als Fort-Da-Spiel: „Ich merkte endlich, [...] daß das Kind alle seine Spielsachen nur dazu benützte, mit ihnen ‚fortsein' zu spielen. [...] Das Kind hatte eine Holzspule, die mit einem Bindfaden umwickelt war. [...] es warf die am Faden gehaltene Spule mit großem Geschick über den Rand seines verhängten Bettchens, so daß sie darin verschwand, sagte dazu sein bedeutungsvolles *o-o-o-o* [was laut Freud „fort" heißen sollte, aber zugleich ja auch ein Ausdruck der Trauer sein könnte] und zog dann die Spule am Faden wieder aus dem Bett heraus, begrüßte aber deren Erscheinen jetzt mit einem freudigen ‚Da'. Das war also das komplette Spiel, Verschwinden und Wiederkommen [...]." Aus der eigenen Beobachtung wissen wir – und das bezeichnet ja die gleiche emotionale Situation –, dass kleine Kinder es lieben, auf der Straße ihren Eltern oder Bezugspersonen ein Stück weit davonzulaufen; sie tun dies jubelnd, doch in einer gewissen Entfernung verändert sich diese Gemütsregung, schlägt um in Angst und führt dazu, schnell wieder in den sicheren Hafen zurückzulaufen. Was sich häufig wiederholen kann. Nichts anderes geschieht doch in jener Aktion von Daumen und Mittelfinger, in der das Smartphone als Vater oder Mutter auftritt und die Akteure mit der Möglichkeit der Befreiung von ihnen probehalber spielen. Allerdings stets in der endgültigen Gewissheit, immer wieder bei den Autoritäten anzukommen und verweilen zu können. Das Ich-Telefon überlebt voraussichtlich alle Attacken ebenso wie das zweifelnde Ich.

Der infantile Umgang mit der Welt und deren Partikeln verdeutlicht nämlich, wie unsicher diejenigen, die in dieser smart-telefonen Welt versinken,
sich ihres Selbst oder ihres Ich sind. Denn in all diesen Aktionen artikulieren sich doch nur, wenngleich uneingestanden, die Ängste der so Handelnden und deren Sehnsucht nach einem „authentischen" Selbst. Denn dahinter
verbirgt sich eine ebenfalls eigenartige Ich-Euphorie, die, zumal und weil sie
lediglich auf sich selbst bezogen das Leben wahrnimmt, völlig zerbrechlich
erscheint. Und das führt umso mehr dazu, jegliche Verantwortung dem mani-
festen Ich zu überantworten, das sich im Ich-Telefon so vorzüglich repräsen-
tiert. Diesem wird hingegen alles zugetraut, es übernimmt die Orientierung
durch Städte und andere Gegenden sowie für Shopping und schließlich auch
für das gesamte Leben. Darauf ist Verlass, das Ding ist zuständig für Vergnügen und Liebesbeweise und be- und versorgt am Ende alles, was man braucht.
Das Ich-Telefon wird zur drastischen Analogie eines einst als emanzipiert gedachten Ich.

Die gesellschaftliche Realität verkleinert sich auf diesem Weg zur kontingen-
ten „Community", in der alle anderen und alles andere zu schlichten Mit-
läufern einschmelzen. Mit denen man gerade noch gemeinsam herumläuft
am Telefon, aber keineswegs noch persönlich diskutiert oder streitet. Nur
so überlebt dieses Ich im Ich-Telefon. Sanft und unförmig, wenn auch als
schlichter Ausdruck von Mangel und Angst.

Profil-Neurosen
Zur Kriminalisierung von Gesellschaft, Arbeit und Design, nebst Auswegen

Insbesondere aus Fernsehserien sind sie bekannt, denn dort treten sie vor allem auf, wenn es um Serientäter oder auch (doch überraschend selten) -täterinnen geht. Jene (bitte englisch aussprechen oder denken) „Profiler". Das sind die Typen, die mit meist etwas kümmerlichen psychologischen Kenntnissen und auf der Basis statistischer Daten Profile der Täterinnen und Täter entwerfen, damit diese schneller von den anderen Polizeikräften erwischt werden können. Gelegentlich werden sie jedoch auch herangezogen, um furchtbare Taten zu verhindern. Derzeit etwa sind solche Profiler heftig nachgefragt angesichts eines chaotischen Terrorismus. Eben zur Prävention – nur scheitern sie vielfach angesichts der wirklich chaotischen Situation; oder schlimmer noch, wenn etwa qua „racial profiling" Menschen, die „anders" aussehen, identifiziert, denunziert, misshandelt und sogar erschossen werden – in den USA etwa insbesondere von der Polizei.

Aber beschränken wir uns im Folgenden auf die Profiler, die „normale" Kriminelle jagen. Die Existenz dieses Berufs, Profile im Rahmen von Verbrechen zu entwerfen, basiert sowieso schon auf einer merkwürdigen Geschichte dieser Profession. Das Wort entwickelte sich (wie so oft in unserer Kultur) aus der lateinischen Sprache, in der „filus" das Garn und den Faden erfasste, worauf dann in der italienischen Sprache „profilare" entstand, nämlich die Aktion, etwas zu umsäumen und zu umreißen. Wobei anfänglich insbesondere Festungen und Festungsanlagen in dieser Form erfasst werden sollten, also unter militärischen Aspekten. Erst im späten 16. und im 17. Jahrhundert wurde diese Form, etwas dingfest zu machen, transformiert in die Darstellung des menschlichen Kopfes. Man kennt dies womöglich noch aus touristischen Gegenden, wo gelegentlich angeboten wird, gegen eine gewisse Summe Geld den Umriss des eigenen Kopfes zu zeichnen; was vor längerer Zeit ebenfalls noch statt mit Stift gezeichnet mit der Schere geschnitten wurde. Was ja bloß ein vergnüglicher Spaß für die Erinnerung der Porträtierten ist, verweist jedoch leider auf eine bösartige Legitimation solcher Taten. Denn das Profil als gezeichneter Umriss des menschlichen Kopfes entstand als Pseudowissenschaft: die Physiognomik.

Diese meinte, aus der Form des Kopfes und des Gesichts wesentliche Merkmale für die jeweils charakterliche Formation der so festgehaltenen Menschen aussagen zu können. Man suchte einfach nach Kennzeichen oder behauptete, dadurch die Menschen entlarven zu können. Was dann Mitte des 18. Jahrhunderts von einem Pfarrer und angeblichen Philosophen namens Lavater noch einmal radikalisiert wurde, da er das nun in philologischen Rastern („Rasterfahndung") sortierte und behauptete, damit eindeutige Aussagen über Menschentypen treffen zu können. Er erfand den „Pykniker" und all die anderen denunziatorischen Konstitutionstypen. Bevor sich nun voreilig Triumph der Ablehnung einstellt, möge man bedenken, wie sehr noch heutzutage solche Physiognomik zu Vorurteilen verleitet. Noch immer wird die „hohe Stirn" als intelligent und die „niedrige" als dumm eingeschätzt, gelten angewachsene Ohrläppchen als hinterlistig, große Augen als offenherzig und zuverlässig und so weiter. Tatsächlich beurteilt man so immer noch, wenn auch gewiss unbewusst: „You never get a second chance to make a first impression."

Nichts anderes tun jene Profiler noch heute, allerdings ausgestattet mit sehr viel mehr Daten. Denn sie mühen sich, Figuren für denkbare böse Taten zu konstruieren und mögliche Szenarien solcher Taten aufzubauen. Also beobachtet diese Profession Aussehen, Kleidung, Sprache, Wortbildungen, Freundschaften, Kommunikationsverhalten, Korrespondenzen oder auch, was solch ein Mensch liest und gelesen hat, was er isst, wie die Eltern und das kindliche Umfeld waren und dergleichen mehr. Aus all diesen Daten (die Digitalisierung hilft mal wieder sehr) werden irgendwie denkbare Schubfächer gebildet, in die man dann die möglichen Täterinnen und Täter hineinstecken kann, um darauf hin nach solchen Personen zu suchen. Insofern sind die Profiler wahrhafte Philologen, eben Leute, die an eine Ableitungslogik und an „knowledge" glauben (nicht unversehens muss man „ledge" als das „Regal" übersetzen, in dem das, was man zu wissen – „to know" – glaubt, abgelegt und sortiert wird).

Die Schlüsselfigur für dieses (tatsächlich sehr mit der angelsächsischen Vorstellung von Philosophie verbundene) Verfahren ist das Konstrukt einer „Persona". Der lateinischen Wortbedeutung nach meinte es das Hindurchtönen oder Klingen lassen (personare), wurde aber auch bereits im antiken Theater als „prosopon" (Gesicht) im Sinne der Schauspielermaske oder -rolle benutzt. Also niemals im Sinne des echten oder wahren Gesichts, sondern immer gespielt, verstellt. Klar, man kennt die Person heute umgangssprachlich und redet von ihr eher dann, wenn man einen Menschen irgendwie neutralisieren möchte. Person bezeichnet im Alltag die sachliche, unemotionale Kennzeichnung irgendeines Menschen.

Ganz anders im Polizeiwesen und – nun kommt die Nähe – merkwürdigerweise in Marketing und Design. Denn in diesen drei Fachbereichen hüpfen ständig – und auch noch in falscher Pluralbildung – „Personas" herum. Etwa so: „Lisa, 23 Jahre, Deutsche, korpulent, tanzt gern und kauft vor allem Schuhe" oder „Kurt, 50 Jahre, Österreicher, treibt Sport und liebt die Natur" oder „Eva, 44 Jahre alt, Italienerin, kocht und isst sehr gern, liest hin und wieder Bücher und kleidet sich gut" und so weiter. Selbstverständlich werden noch weitere Kriterien hinzugefügt, versuchen sich solche Profile in psychologischen Schlagworten und bebildern die Profil-Profis diese Charakterisierungen auch noch mit dem jeweiligen angeblichen Typus der Lisas und Evas und Kurts. Um Prozesse zu veranschaulichen, werden solche „Personas" animiert, handeln und verbünden sich gegebenenfalls mit anderen. So lächerlich ist dies, weil völlig hilflos Schubfächer ausgezogen werden, irgendwelche Allgemeinplätze, die bloß vermeintlich erforscht wurden, um daraus Täterprofile zu erstellen. Und in diesen Schubfächern beginnt dann die heiße Jagd nach den möglicherweise potenziellen Käufern oder Schuldigen. Das alles genießt sich in Abstraktion und in der Beruhigung, nun eigentlich alles schon zu wissen und die Kunden und Täter dingfest machen zu können.

Dies alles ist nicht so neu. Aber angesichts einer offenkundig zunehmend sich chaotisierenden Gesellschaft, in der traditionelle Vorstellungen von „Zielgruppen" sich verwirren und weder den Verkauf noch die Kriminalität einfach kontrollierbar erscheinen lassen, werden jetzt ganz verzweifelt vermeintlich neue Wege eingeschlagen und schaffen es die kriminalistischen

Profiler ins Marketing und ins Design. Als nur ein Beispiel sei verwiesen auf „eine Design Research & Design Strategy Conference", die am 22. September 2016 in Hamburg in den Räumen von „iF" stattfand („iF" ist jene GmbH, die Designpreise anbietet und an und für sich mit der Hannover Messe verknüpft ist oder war), initiiert und unterstützt von einigen Agenturen. Der Knaller dieser Konferenz nämlich, und dieser wurde in einigen Ankündigungen weit nach vorne gerückt, war ein echter „Profiler" vom – alle kennen das aus dem Kino – „FBI". Wirklich, keine Fernsehserie, sondern live in Hamburg. Mark Safarik, Criminal Profiler FBI. Der hielt die zentrale Rede nach der Kaffeepause zum Thema „Mit Criminal Profiling zur Innovationsentwicklung" und leitete zusätzlich den Workshop „Profiling & Persona Development". Gewiss, wenn Marketing und Design nicht mehr weiterwissen, dann holen sie die Polizei. Nicht irgendeine, sondern die berüchtigtste aus dem Land der Ordnungsliebe und des riesigen Waffenkonsums. Großes Kino in Realität.

So verfolgt man also in jenem Kontext die Menschen, sucht sie kategorial immer wieder einzuordnen, um sie dann ergreifen, fassen und in die Zellen zu stopfen, in denen sie dann kaufen, konsumieren oder „auspacken" sollen. Bei Wasser und Brot wird jedes noch so banale Konsumgut zum Luxus. Doch immerhin haben diejenigen, die das veranstalteten und unterstützten, eine Kleinigkeit verstanden: Die Menschen werden selbst, wenn sie doch bloß einkaufen und verzehren sollen, plötzlich zu Tätern. Also nicht mehr bloße Zielgruppen, die man einfach abschießen kann und soll, vielmehr aktive Figuren. Was theoretisch einleuchtet, nämlich endlich versteht, dass der Kaufakt ebenso wie der Gebrauch Tätigkeiten veranschaulichen, die nicht passiv, sondern aktiv unternommen werden. Doch diese Konsumierenden dann gleich als Täterinnen und Täter zu verfolgen, möglichst die Fahndung nach ihnen zu veranlassen, um sie dann doch wieder nur einbuchten und einlullen zu können, ist einfach blöd und gemein.

Und nützt den Unternehmen überhaupt nichts, höchstens den entsprechenden Agenturen, die so etwas profitabel zu verkaufen suchen, und dem FBI. Angesichts der aus vielfältigen Gründen ständig sich chaotisierenden gesellschaftlichen Wirklichkeit, in der Menschen womöglich morgens ein ganz anderes Profil aufweisen als mittags, abends oder nachts; und sowieso in Betrachtung der äußerst reduzierten Kompetenz solcher Profilbildungen erweist sich das alles als Unsinn und bräuchte es vielmehr ein Verständnis des Umgangs mit konfusen Strukturen und intensiver Unschärfe. Die lediglich noch religiöse Wahnvorstellung, es gäbe sichere Leitlinien und – ganz wörtlich sich von irgendeinem Ende her ergebende – „Definitionen", ist längst obsolet und versteht nichts. Vielmehr müssen alle, auch Unternehmen und sowieso Designerinnen und Designer oder selbst Politik und Kriminalistik, lernen, mit Unsicherheiten, Fehlern und Überraschungen produktiv umzugehen und diese, wenn das folgende Wort überhaupt noch Sinn ergibt, als Quelle von Innovationen zu begreifen.

Eine abschließende Anmerkung, um Missverständnissen vorzubeugen: Selbstverständlich ist sehr erfreulich, wie weitgehend klug sich Design und Designforschung entwickelt haben und dass endlich sogar die Unternehmen (übrigens immer noch nicht die doch sehr eindimensional denkende Deutsche Forschungsgemeinschaft/DFG) die enorme Kraft und Kompetenz von Design und Designforschung wahrgenommen haben. Einfach so zur Erinnerung: Noch als 2003 die „Deutsche Gesellschaft für Design-Theorie und -Forschung/DGTF" gegründet wurde, rief diese sehr viel Unverständnis sowohl in der Wirtschaft als auch in der Designszene selber hervor. Inzwischen setzt sich die Designforschung international durch, doch wie so häufig im Prozess von Anerkennung und allgemeiner gesellschaftlicher Verbreitung: Sie wird schnell zum bloßen Instrument umgebaut, simplifiziert für die schnelle Praxis und den Profit zugerichtet. Dies ist bedauerlich für beide Seiten. Für die Wirtschaft und für die Gesellschaft, weil lediglich die offene und seriöse Designforschung wirklich neue und realistische Einsichten und Perspektiven bieten kann und dies sogar oder insbesondere dann anbietet, wenn das nicht vordergründig so aufscheint; tragisch ist diese simple Adoption als bloße Hilfswissenschaft ebenfalls für die Designforschung selber, da sie auf diesem Weg der blassen Vereinnahmung zwangsläufig an Kompetenz und an Eigensinn verliert.

Dabei würden und werden – einige Designforschende haben berechtigtes Selbstbewusstsein und entsprechende Weitsicht noch nicht verloren – durch diese Forschung nicht nur dem Design, sondern ebenso dem gesellschaftlichen

Bewusstsein und auch der Wirtschaft so wesentliche Einsichten vermittelt, zum Beispiel mit Widersprüchen zu leben und zu handeln. Denn das Ergebnis seriöser Forschung sind sehr häufig Widersprüche und das Verständnis, mit Widersprüchen sinnvoll und produktiv umzugehen. Gefragt sind doch wirklich nicht länger die einfachen Lösungen – und nichts anderes als diese bieten Profiler, wenn auch mit brutalen Konsequenzen –, sondern die Einsicht in Probleme und die daraus zu entwickelnden völlig neuen Gedanken für eine lebendige Gegenwart und Zukunft. Wobei, dies bloß als Erinnerung, Designforschung ihre besondere Qualität eben daraus gewinnt, stets interdisziplinär und sehr freimütig vorzugehen, damit ebenso die Gebrauchsforschung zu beflügeln wie die zu neuen Materialien, Medien und zu neuen Verbindungen, zu veränderter gesellschaftlicher Korrespondenz und die Analyse gesellschaftlicher und somit auch wirtschaftlicher Prozesse und sozialer Bindungen oder auch differenter Geschlechter und deren Ansprüche. Was stets wirklich qualitative, offene und ganz handfeste Forschung impliziert.

Profiler haben da überhaupt nichts zu suchen, denn außer in Fernsehserien sind sie bloß Versager. Auch wenn „Time online" schon am 26. März 2014 das FBI zitierte und empfahl, man solle – fürs Business, wohlgemerkt – von dessen Umgang mit Geiseln lernen, wie man Erfolg hat: „Hostage Negotiation Techniques That Will Get You What You Want: The Behavioral Change Stairway Model was developed by the FBI's hostage negotiation unit, and it shows the 5 steps to getting someone else to see your point of view and change what they're doing. It's not something that only works with barricaded criminals wielding assault rifles [...]". So also sieht man das wohl in manchen globalen Corporations und verhaftet dann die Käuferinnen und Käufer. Nicht nur in Hollywood.

Nachrufe

Design formt Kunst
Anmerkungen zu einem verflixten Verhältnis

Design verhält sich zweifellos vielfältig sehr vertrackt. Besonders eigenartig jedoch ist dessen Beziehung zur Bildenden Kunst. Allerdings stellt sich schnell heraus, dass ebenfalls die Kunst ein Problem mit dem Design hat. Zuerst einige Gedanken zu den Sorgenfalten und gelegentlich verzweifelten Hoffnungen des Designs gegenüber der Kunst: Lange zumindest hat das Design stets die Kunst bewundert und sich jegliche Mühe gegeben, als Teil davon anerkannt zu sein. Eklatant wird dies in jener seltsamen Bezeichnung „Kunsthandwerk", „Kunstgewerbe" oder „Angewandte Kunst", die bis heute erstaunlicherweise entsprechende Museen noch im Namen führen. Die offensichtlichen Gründe dafür sind eilig genannt: Der Augenschein spricht dafür, dass die Kunst zumal in den westlich orientierten Gesellschaften über hohes Ansehen verfügt und dementsprechend allgemein gepriesen wird. Vor der Kunst erstarren in Hochachtung zumal diejenigen, die sich für gebildet halten, und es hat sich andererseits längst herumgesprochen, dass beispielsweise Kunsthistorikerinnen, Kunsthistoriker und Museums-Leute, sind sie einmal als Mitarbeiterinnen oder Mitarbeiter solch eines „Museums für Kunsthandwerk" oder dergleichen eingestellt, kaum noch eine Chance finden, die Leitung eines Kunstmuseums zu übernehmen. Irgendwie diskreditiert die intensive Beschäftigung mit Design gegenüber der mit der Kunst. Vergleichbar wussten sehr lange die Feuilletons von Zeitungen oder anderen Medien nicht, wo sie Design unterbringen sollten; gehörte es vielleicht doch eher ins Lokale oder auf die Wirtschaftsseiten statt ins Feuilleton?
In den Schulen existiert ganz selbstverständlich Kunst-, jedoch kein Designunterricht (obwohl es höchst aufklärerisch wäre, die gestaltete Form des Lebens zu verstehen), und Kulturpolitik beschäftigte sich niemals mit jener für das alltägliche Leben fundamentalen Gestaltung durch Design. Irgendwie galt oder gilt das Design als profan oder als durch Normalität korrumpiert; weil eben so alltäglich, nichts Besonderes. Oder wenn besonders, dann lediglich

tauglich für Angeberei oder für Plaudereien (die englische Sprache hat dafür die schöne Kategorie „Conversation Pieces", Plauder-Gegenstände). Aber genau dies veranlasste viele jener, die sich mit Design beschäftigten, sich ebenso eilfertig wie mühsam in die Nähe von Kunst zu rücken. Womit sie hinterrücks das Design noch einmal diskriminierten. Noch Anfang der 1990er-Jahre musste ganz deutlich geschrieben werden, Designer (die weibliche Form existierte zu jener Zeit kaum) wären geprägt durch ein gebrochenes Rückgrat, da sie sich ohne jedes Selbstbewusstsein gewissermaßen ständig entschuldigten für ihre Designprofession und dafür, eben nicht Kunst zu produzieren. Andererseits waren sie dann sehr glücklich, wenn eine ihrer Arbeiten – quasi versehentlich oder in einer speziellen Designabteilung wie im New Yorker MoMA – in einem Kunstmuseum gezeigt wurde. Nicht unversehens war aus denselben Gründen lange Zeit das Wort „Design" zumal in der deutschsprachigen Designszene sehr unbeliebt und erfand man beispielsweise für entsprechende Hochschulen lieber die Bezeichnung „Gestaltung" oder „Formgebung", oder man integrierte sich vermeintlich im Plural „Bildende Künste". Herrschte so für lange Zeit also auf beiden Seiten, der professionellen wie der allgemeinen Öffentlichkeit, ein massiver Vorbehalt beziehungsweise Vorurteile gegenüber Design, so hat sich dies wenigstens partiell in den letzten Jahren verändert und wächst die Einsicht in praktisch alltägliche wie sogar wissenschaftliche Relevanz und Komplexität von Design. Jetzt ist das Design in aller Munde, wenngleich wahrlich noch immer nicht überall verstanden.

In der Bildenden Kunst stellt sich dieses Phänomen ganz anders dar. Zuerst einmal musste sich, dem eigenen Selbstbewusstsein und der Freiheit der künstlerischen Aktionen zuliebe, die Kunst aus dem Handwerk emanzipieren und sich als eigenständiges Format erfinden. Dies brauchte Jahrhunderte, und bekanntlich galt noch in der Renaissance die Bildhauerei als Handwerk. Hatte nun die Bildende Kunst sich endlich gegen Mitte/ Ende des 19. Jahrhunderts als besonders und selbstbestimmt etabliert und sich zumindest vordergründig auch aus der direkten Abhängigkeit von Auftraggebern und herrschenden Mächten halbwegs befreit, geriet sie in einen neuen Konflikt: die Absonderung im Elfenbeinturm. Also die – teilweise recht patriarchalisch oder fürstlich ausgehandelte – Distanz zur gesellschaftlichen Realität.

Eine potenzielle Isolation (dies gilt übrigens ebenso für Poesie und andere Künste), eine Abgehobenheit, die nach innen wie außen arrogant erscheinen konnte. Eine wirklich fast verzweifelte Situation: Ließ man sich auf eine künstlerische Reflexion von Gesellschaft und Geselligkeit ein, so lief man im normalen Diskurs umher und agierte in den üblichen ökonomischen und sozialen Bedingungen. Sonderte man sich ab, so gewann man zweifellos eine womöglich für die Kunst notwendige Radikalität, unterhalb von Diskurs und anderem allgemeinen Gespräch gründlich zu handeln und einzugreifen. Der US-amerikanische Künstler Ad Reinhardt formulierte dies Anfang der 1960er-Jahre ebenso klug wie präzise: „Art is Art, and Everything Else is Everything Else" und malte dementsprechend Bilder, die man in ihrer inneren Vielfalt, wenn sie einmal an der Wand hängen, kaum noch erkennen kann, da sie einfach monochrom schwarz wirken; erst, wenn man sich vor dem Bild hin-und her bewegt, ist zu erahnen, dass sich in der angeblich rein schwarzen Fläche andere, minimal unterschiedene Formen verbergen – zusätzlich versah er diese Bilder schließlich jeweils mit einer Oberfläche, die sich durch soziale Umwelteinflüsse sehr schnell zerstörte. Sein Kommentar dazu, dies geschehe eben, wenn Kunst und Gesellschaft aufeinanderträfen.

So weit, so gut. Und man kann das gerne bezüglich der Poesie noch durch den überzeugenden Hinweis von Theodor W. Adorno unterstützen, die Qualität wirklicher Lyrik beweise sich darin, sich oberflächlicher Verständlichkeit zu widersetzen und genau deshalb wirklich anzugreifen und Essenzielles zu artikulieren. Dem kann man oder muss man sogar einfach zustimmen. Doch bleibt die sich daraus ergebende Situation für die Kunst irgendwie in einem ungreifbaren Raum, bloß noch als geheimnisumwittert zu existieren und bestenfalls noch auf Auktionen kalt-ökonomisch wahrgenommen zu werden. Mithin ohne Einfluss auf die gesellschaftliche Entwicklung und sowieso ganz einsam. Der Elfenbeinturm vergnügt sicherlich auch die Produzierenden nur für einige Zeit. Dort herauszukommen allerdings gestaltet sich schwierig, lediglich wenige Auswege bieten sich an: Rückkehr in die gesellschaftliche Unmittelbarkeit und direkte Partizipation – dies kann sich im schlechten Fall in der banalen Lösung eines „sozialistischen Realismus" realisieren, andere wiederum geraten in gespielte Naivität oder Karikatur,

Comic oder Plakatmalerei, Dekoration und Werbung. Was keineswegs glücklich oder selbstbewusst strahlen kann. Auch wenn immerhin die Pop-Art vielfach aus solcher Plakatmalerei entstand.

Ein weiterer Ausweg führt ins Design oder nähert sich diesem zumindest an, um sich so erneut gesellig einzumischen. Tatsächlich bildet solche Annäherung einen durchaus typischen Ausweg in der Bildenden Kunst, sich gewissermaßen zu resozialisieren. Diesem folgten schon Ende des 19. und dann zu Beginn des 20. Jahrhunderts etliche Künstlerinnen und Künstler beispielsweise im Jugendstil, im (vor allem dem russischen) Konstruktivismus, bei Dada und – trotz der Ablehnung, Gegenstände noch als Gegenstand zu akzeptieren – im Surrealismus. Nach 1945 setzte sich in der Kunst fort: Yves Klein und Günther Uecker entwarfen und bauten Tische, Arman Textilien, und – hier sei noch einmal auf die künstlerischen Teppichböden im Kapitel „Gestaltete Obsoleszenz" verwiesen – in den 1980er-Jahren beauftragte das Unternehmen „Vorwerk" beispielsweise etliche Künstler (unter anderen Roy Lichtenstein, Sandro Chia und Sol Lewitt), völlig nutzbare Teppichböden zu entwerfen. Viele andere, darunter Julian Schnabel, Tobias Rehberger, Dan Graham (selbst Olafur Eliasson passt partiell in diese Reihe) oder der verstorbene Franz West begaben sich ganz direkt ins Design, gestalten Bars, Mobiliar, Leuchtobjekte etc. Außerdem haben sich innerhalb der digitalen Welt Kunst und Design mannigfaltig ineinander verwickelt, allerdings, dies ist feststellbar, meistens zugunsten des Designs.

Da sich das Design inzwischen offensichtlich emanzipiert hat und endlich (bis auf jene hausbackenen Museen, die sich immer noch als „Kunsthandwerk" zu schmücken meinen) auch allgemein öffentlich die Besonderheit, Vehemenz, permanente Aktualität und Komplexität von Design begriffen ist, tritt es nun selbstbewusst und somit ebenfalls selbstkritisch und argumentativ auf. Mittlerweile, so hat man den wohl berechtigten Eindruck, geschieht das, was ohnehin längst hätte geschehen sollen: Das Design begreift den Unterschied zur Kunst. An und für sich recht einfach dadurch zu begründen, dass das Design sich immer erst im Gebrauch realisiert, also a priori und unausweichlich sozial gebunden ist, sich damit abfinden muss, aber genauso gut darauf stolz sein darf. Die Kunst hingegen existiert trotz aller Versuche von vordergründiger Resozialisierung selbst dann noch, wenn man die Museen schließt oder wenn sie sich auf eigenen Wegen dem unmittelbaren Verständnis entzieht.

Ganz einfach: Auf einem selbst von dem berühmtesten Designer oder der berühmtesten Designerin gestalteten Tablett kann man jederzeit Drinks anbieten, nicht jedoch auf einem Gemälde von Rembrandt, Otto Piene oder selbst Andy Warhol, denn die wären als Tablett dann kaputt, wertlos, hätten aber auch jenseits pekuniären Kalküls – ganz im Sinne von Walter Benjamin – jegliche Aura verloren. So einfach wäre das. Doch fatalerweise existiert in der Beziehung zwischen Kunst und Design noch ein weiteres tiefgründiges Problem. Denn die Menschen sehen Kunst unweigerlich stets innerhalb eines gestalteten Kontextes, der unwiderstehlich die Wahrnehmung der Kunstwerke klar formuliert. In jedem Museum, jeder Ausstellungshalle oder Galerie und ohnehin in jeder Wohnung werden die Kunstwerke allemal unter gestalteten Bedingungen wahrgenommen: die Wand, an der sie hängen, oder der Boden, auf dem sie stehen, das Licht, der gesamte Raum inklusive möglicher Perspektiven in Nachbarräume oder in die Außenwelt, der Geruch und der Lärm im Raum, die vielen Menschen, die in gestalteter Kleidung zwischen den Kunstwerken und gelegentlich davor herumgehen, dazu noch ihre Smartphones oder irgendwelche elektronischen Führer in den Händen halten. Das alles ist in jedem Detail – noch in der Fußleiste, dem Hinweis auf den Notausgang oder der Feuerlöscher, der überall in solchen Räumen hängt – Resultat von Design, richtet die Wahrnehmung auf der Basis von Design. Niemand sieht ein Kunstwerk als solches, sondern unausweichlich in einem genau durchgestalteten Arrangement, das von Architektur und dann noch viel drastischer von Design konstruiert ist. Wozu auch noch gehört, dass man normalerweise in Ausstellungsräumen – es sei denn, die Künstlerin oder der Künstler selber hat die Ausstellung aufgebaut – Bilder ausschließlich neben anderen Bildern oder Skulpturen sieht, eben ständig im Bezug auf diese anderen, die meistens aus didaktischen oder anderen Gründen von der Museumsleitung sehr durchdacht so gemischt sind.

Aus dieser Zwickmühle gibt es keinen Ausweg, denn selbst dann, wenn man die Kunstwerke in einem Buch, in einer Zeitschrift oder auf dem Monitor des

Computers betrachtet, nutzt man zwangsläufig etwas, was genau so und damit sehr gestaltet wurde. Nämlich die Wahrnehmung absichtsvoll einzurichten. Was dem Design gegenüber der Kunst eine gewissermaßen erschütternde Macht einräumt. Denn diese könnte sich aus der Situation, fortwährend vom Design formuliert zu werden, nur dadurch retten, auf jeden Kontakt mit ihrer Wahrnehmbarkeit zu verzichten. Ansonsten sitzt sie in dieser Falle. Und die Betrachterinnen und Betrachter glauben, alles als wahr (oder objektiv) wahrzunehmen.

Zwar sind sich gewiss die meisten derer, die vom Design aus solche Ausstellungsorte oder andere Publikationen gestalten, der Verantwortung ihrer Tätigkeit bewusst. Allerdings kann man all diesen Publikationen und angesichts der realen Problematik immer sofort ansehen, dass die im Design hierfür Tätigen nahezu zwangsläufig nicht umhinkommen, ihre eigene Interpretation in die Gestaltung einzufädeln und so die Kunst, die sich niemals gegen solche Gestaltung durchsetzen könnte, formulieren (dies gilt selbstverständlich in gleicher Weise für die Poesie, das Theater, für den Tanz und in gewisser Weise die Musik). So wird die Beziehung zwischen Kunst und Design noch verflixter.

Von Sammelwut und Müllhalden
Wie Design sich aufbewahrt

Es gibt einige Themen, die, sollte jemand darüber einen Text schreiben, wahrscheinlich sehr viele Menschen auf die Palme bringen. Der nun folgende Text zielt mitten hinein ins Mark solcher Sensibilität. Denn gesellschaftlich ist das Sammeln durchaus anerkannt, wird es sogar steuerlich begünstigt und gefördert, und erscheint es als kulturelle Aktivität schlechthin. Dies betrifft öffentliche Institutionen wie Museen genauso wie Privatleute, und es ist noch nicht einmal bloßes Privileg der Reichen. Gesammelt wird ohnehin alles, und häufig wird dies sogar öffentlich ausgestellt und werden sonst, zumindest im privaten Kontext, solche Sammlungen anderen Leuten, wann immer diese zu Besuch kommen, nahezu aufdringlich vorgeführt. Es gibt wirklich Museen für Coca-Cola-Dosen, für Bürogeräte, Instrumente zur Bearbeitung von Kohlköpfen, für Messer und Scheren, für Gläser, Weinflaschen (ein gewaltiger Markt insbesondere in Asien), Verkehrsschilder, Bücher, Zigarren und was sonst noch eigentlich dafür absurd erscheinen mag. Neuerdings mischen sich in solche Sammel-Ekstase zusätzlich staatliche Institutionen wie Geheimdienste und ebenso Unternehmen ein: die sammeln Daten bis zum Überdruss.

Die Motivation für solche Sammelwut wird etwas später versuchshalber erläutert, hier geht es erst einmal um die Tatsache selber, dass alles gesammelt wird. Übrigens auch Geld, wenn man darüber mehr als ausreichend verfügt. Alle solche Sammlungen möchten sich als Museum verstehen, doch man kann sich des Eindrucks kaum erwehren, bei dem Besuch solcher Ansammlungen sich in Müllhalden zu befinden. Diese sind lediglich entweder durch die Benennung als „Museum" etabliert vergoldet und somit quasi a priori legitimiert, oder die Sammlungen werden von denen, die da gesammelt haben, mit solchem Ausdruck oder sogar Pathos und zumindest mit so viel Liebe und Stolz präsentiert, dass jeglicher Gedanke an eine Müllhalde sich sofort verflüchtigen soll. Alles wird als wertvoll vorgestellt und gestaltet – und tatsächlich könnte man ganz allgemein sogar rühmen, dass solche

Sammlungen doch in großartiger Weise Geschichte aufbewahren und für kommende Generationen bereitstellen. Sicherlich ist bewundernswert, wenn jemand aus einem spezifischen Interesse ansonsten vergängliche Dinge und Zeichen aufbewahrt, pflegt und diese dann mehr oder minder offensiv der Öffentlichkeit vor- und zur Verfügung stellt. Artikulieren sich doch nicht ganz unberechtigt etliche Klagen, die Geschichte würde einfach verschwinden und das Geschichtsbewusstsein gleich mit.

Aber es wird noch komplizierter, denn immerhin ist ja selbst die Vorstellung von dem, was Geschichte überhaupt ist, nicht einheitlich geregelt oder zu verregeln. Sogar diejenigen, die in den Geschichtswissenschaften arbeiten, sind sich dessen nicht so sicher, unterliegen durchaus modischen Strömungen (irgendwann ist das Mittelalter en vogue, zu einem anderen Zeitpunkt das 19. Jahrhundert oder eine Nachkriegszeit oder etwas anderes), irgendwann rückt man die historischen Möglichkeiten oder den Konjunktiv ins Zentrum (was wäre geschehen, wenn …), und philosophisch haben sich diverse Vorstellungen von Geschichte manifestiert. Zustimmen kann man gewiss dem Philosophen Max Horkheimer in dessen Anmerkung, Geschichte sei stets dreifach konnotiert: durch das, was einst geschah, dann durch dessen Überlieferung und drittens durch das (Finanz-, Herrschafts- gegebenenfalls Sozial- und kulturelle oder bloß konkurrierend modische) Interesse derer, die daran arbeiten und darüber berichten. Womit jeglicher Gedanke an eine Art objektiv erfahrbarer Geschichte obsolet wird.

Doch noch viel einfacher: Heute mögen wir in einem Museum eine Kutsche oder in einer privaten Sammlung einen Wasserkessel von Peter Behrens finden und meinetwegen preisen, nur hat die heutige Wahrnehmung mit der der Menschen jener Zeit, in der diese Dinge entstanden und täglich genutzt wurden, überhaupt nichts zu tun. Denn für uns heute sind es bloße Überlieferungen, die wir nicht mehr gebrauchen. Selbst sogar noch, wenn wir mit ihnen in unserer Zeit hantieren, fehlen uns bestimmte Aspekte der Zeit, in der sie geschaffen wurden. Heute können wir beispielsweise nur noch mühsam rekonstruieren, aber nicht erfahren, dass beizeiten das Radiogerät „SK 4" des Unternehmens „Braun", entworfen von Dieter Rams, einen Skandal evozierte und offenkundig damals Menschen dazu veranlasste, die

Schaufensterscheiben von Händlern, die es im Schaufenster zeigten, einzuwerfen. So imaginieren solche Sammlungen lediglich die Illusion, an der Geschichte zu partizipieren und wahrhaftig daraus zu lernen. Letzteres nämlich wäre allein dann gültig, wenn wir uns ständig bei der Betrachtung und dem Nachdenken darüber jenes Gedankens von Max Horkheimer bewusst wären und mit diesen unausweichlichen Vorbedingungen umgingen.

Dies betrifft übrigens ebenso alle Museen. Wobei ohnehin in letzter Zeit an allen nur vorstellbaren Orten Museen entstehen. In einer ehemaligen Brauerei eines fürs Bierbrauen, in einer stillgelegten Zeche zum Bergbau, im ehemaligen Möbellager zu Möbeldesign, im Gasometer, im Wald oder auf dem hohen Berg für etwas anderes. Die dort versammelten Ausstellungen präsentieren eher Nostalgie und irgendeine Restnutzung von Liegenschaften. Und erst durch die Gestaltung der Ausstellungen und insgesamt der Räume wird den Besucherinnen und Besuchern Gegenwart vorgegaukelt und Betroffenheit erzeugt. Übrig bleiben letztlich nur das, immerhin sehr hoffnungsvolle, Staunen über historische Innovationen, Gestaltung und deren Umsetzung sowie die optimistische Vorstellung, angesichts solcher historischen Artikulationen, die eigene Gegenwart nicht länger als normal, vielmehr als unweigerlich veränderbar zu erfahren und zu denken.

Kompliziert genug. Aber noch merkwürdiger entpuppt sich überhaupt die Sucht, alles Mögliche zu sammeln, bei genauerer Betrachtung als selber obskur. Dabei hilft ein Text des ungarischen Psychoanalytikers Sándor Ferenczi: „Zur Ontogenese des Geldinteresses" von 1914. Es lohnt sich, diesen Text hier zu paraphrasieren und gelegentlich zu erweitern. Denn Ferenczi beginnt mit einer Beobachtung, die jederzeit nachvollziehbar ist: Die erste körperlich-materielle Entäußerung des Kleinstkindes artikuliert sich im Urinieren und noch handfester beim Scheißen. Die Babys freuen sich bei dieser Aktion; sicherlich berechtigt, denn dabei erfahren sie erstmals ihre Schaffenskraft, Kreativität. Umso dramatischer und für jene kleinen Kinder deprimierend ist die Reaktion der Erwachsenen auf solche Tat, diese negativ zu sanktionieren und möglichst schnell zu entsorgen. Meistens in einer Toilette – man ahnt den verzweifelten Blick der etwas älteren Kinder, wie sie dem raschen Verschwinden ihrer Schöpfung im Toilettenbecken hinterhersehen.

Allmählich, das nennt sich Erziehung, adaptieren und verinnerlichen Kinder den Ekel jener Erwachsenen und kompensieren das versuchshalber.

Schon Ferenczi beschreibt, wie beispielsweise die Kinder nun im Sandkasten auf dem Spielplatz ganz fröhlich in den Sand pinkeln, sodass sie dann aus dem durch die Feuchtigkeit gefestigten Sand etwas Hübsches oder zumindest für sie Attraktives formen. Immerhin noch im Bezug zwischen ihrer zutiefst körperlichen Aktion und dem Objekt Sand, den sie sich so zu eigen machen. Selbstverständlich wird ihnen auch dies wiederum ausgeredet oder verboten. So wenden die Kinder ihre schöpferische Erotik und narzisstischen Wünsche von nun an irgendwelchem Spielzeug zu, das sie dann herzen und küssen oder zerzausen und zerstören, also erziehen. Bis sie beginnen, so stellte schon Ferenczi fest, feste Gegenstände zu sammeln. Wiederum zuerst Dinge, die nicht ausdrücklich von anderen hergestellt sind, also etwa Steine oder Muscheln oder getrocknete Blätter. Nebenbei übrigens geschieht meist noch etwas durch die Erwachsenen, um den Kindern jegliche kreative Fantasie auszutreiben: Wenn, was kleine Kinder gerne tun, ein Kind auf ein Blatt Papier mit einem Stift einfach einige bunte Linien und Flächen zeichnet, dann treten die Eltern häufig mit dem Hinweis auf: „Oh, ein Fisch" oder „eine Wolke" oder „ein Auto" et cetera. Bis endlich das Kind Fische, Wolken, Autos und Ähnliches zeichnet, sich nicht länger Phantasmagorien und irgendeiner Schönheit überlässt, sondern der blassen Imitation folgt.

Zurück zum Sammeln, so wird kenntlich, wie sehr das Sammeln der von außen gesteuerten Zerstörung traumhaft eigener Schöpferkraft und eigenwillig produzierter Objekte, also tiefer Frustration, entspringt und sich somit als pure Kompensation analer Probleme reflektiert. Angesichts solch brutaler Aktion der Erziehenden, gleich zu Beginn des Lebens die erste Kreation zu missachten, zu vernichten und negativ zu sanktionieren, muss unausweichlich dazu führen, diese Erfahrung zu verdrängen und durch eine vergleichbare, jetzt allerdings gesellschaftlich akzeptierte Handlung zu ersetzen. Eben durch das Sammeln oder auch dadurch, als Hobby oder Profession den Traum, selber etwas schöpfen zu können, irgendwie anders dennoch zu realisieren. Dabei fällt auf, dass diejenigen, die gerne gestalten, fast immer ebenso gerne sammeln.

Nun verheißt der Titel des Textes von Ferenczi ja noch mehr, eben den Weg zum Interesse an Geld. Was schnell erläutert ist: Irgendwann im Laufe der Entwicklung des Kindes wird dieses nicht länger Steine oder Muscheln, sondern zum Beispiel Briefmarken oder andere nunmehr zusätzlich von der Gesellschaft als materiell wertvoll erachtete Dinge sammeln. Autos, Kunst, Raritäten und schließlich Geld. Wobei von denen, die schon sehr viel Geld angehäuft haben, bekannt ist, dass sie regelrecht leidenschaftlich nach immer noch mehr Geld suchen, es anhäufen, eben sammeln. Quasi verselbstständigt sich die Sehnsucht des Sammelns zur Sammelwut. Für den Zusammenhang solcher Wut mit deren Beginn in frühkindlicher Erfahrung spricht zusätzlich, wie intensiv solche Sammlerinnen und Sammler (diese mögen übrigens geschlechterspezifisch je unterschiedliche Gegenstände sammeln, aber dies muss eine andere Studie erörtern) die gesammelten Objekte hegen und pflegen, streicheln und putzen sowie leidenschaftlich anderen Leuten zeigen und bekümmert oder vertrauensvoll dabei immer auf Zuneigung hoffen. Am allerbesten jedoch illustrieren die Geschichten in den alten Micky Maus-Heften den hier behaupteten analen Charakter des Geldes oder wenigstens des intensiven Sammelns von Geld: Um sein Glück richtig auszuleben, springt dort Dagobert Duck jubelnd eigentlich in jeder Fortsetzung vom Beckenrand mitten hinein in den goldenen Swimmingpool, der mit den von ihm so massenhaft angesammelten Goldtalern statt Wasser gefüllt ist. Welch Sammlerin oder Sammler täte das nicht auch glückselig, sich eben in der Sammlung zu reinigen vom Alltag und den Sünden der Vergangenheit. Und daran ändert auch die Tatsache nicht sonderlich viel, dass die wohlhabenden Leute von heute nur noch metaphorisch im Geld schwimmen, während ihr Reichtum de facto unanschaulich, immateriell irgendwo als reine Zahl existiert.

Das hat eindringlich mit Design zu tun. Mit der Sehnsucht, selber gestalten zu wollen und dies in diversen handwerklichen Aktionen ebenso zu realisieren wie in der Leidenschaft, etwas zu waschen, zu putzen, zu kochen, zu singen, Sport zu betreiben, zu fotografieren und so weiter. Ja, bis hin zu all den so emotional aufgeladenen pseudo-kreativen Auslassungen bei Facebook, in Blogs, Instagram oder anderen Orten des Internets. Noch der Enthusiasmus über die Perspektive, bald könnte man sich seine Möbel oder Accessoires am

Computer ausdrucken, ist wohl getragen durch diese Sucht. Nämlich, obwohl „sauber", doch noch kreativ zu sein und somit das frühkindliche Trauma zu bereinigen. Andererseits beinhalten alle Museen, die privaten Sammlungen und selbstverständlich Archive fast ausschließlich Objekte, die jemand gestaltet hat. Und aufbewahrt werden alle Sammlungen in gestalteten Regalen, Schränken, Räumen, anderen Archiven und Websites. So beflügelt das Design auch noch den analen Charakter des Sammelns. Ohne Unterlass. Als merkwürdige Müllhalden.

Splitternde Spiegel

Erst dann, wenn ein menschliches Wesen etwa ein bis zwei Jahre nach der Geburt sich selbst oder das Selbst im Spiegel erkennt, entfaltet sich jenes Selbstbewusstsein, das als Substanz von Subjektivität beschrieben wird. Das „Ich" wird erkennbar. Immerhin ist dies die Basis dessen, was Immanuel Kant sehr plausibel als Besonderheit der Menschen entdeckte: Nicht das Denken an und für sich, sondern die Möglichkeit, über das Denken und über sich selber nachzudenken, erläutert diese spezifisch menschliche Eigenheit.

Die anfängliche Begeisterung über diese Wahrnehmung des eigenen Selbst bei den Kleinkindern ist dieselbe, die einst Narziss erlebte: Sie verlieben sich in sich selbst. Was als Erfahrung bleibt, auch wenn in der weiteren Entwicklung sich – womöglich gerade aufgrund dieser Erfahrung – Frustrationen einstellen mögen angesichts der immer häufigeren Einsicht, dass dieses Spiegelbild nicht mehr der beglückend-traumhaften Vorstellung vom Selbst entspricht, wobei zusätzlich präsenter wird, dass nicht allein der Spiegel das Spiegelbild erstellt, vielmehr oder noch eindringlicher all die anderen Menschen und gegebenenfalls auch Tiere oder Gegenstände, die einen betrachten. So fängt man an, das Spiegelbild und damit ebenfalls das Selbstbild mit irgendwelcher Gestaltung und deren Mitteln zu korrigieren und quasi idealtypisch zu konstruieren. Übrigens oft im Bewusstsein dessen, dass jener gespiegelte Körper nicht allein aus Ansehnlichkeit besteht, sondern auch zumindest aus Geruch und Akustik, wesentlichen Aspekten geselliger Beziehung. Fraglich ist allerdings, ob das korrigierte und neu konstruierte Selbstbild noch etwas mit dem Selbst zu tun hat und ob man dabei nicht jegliches Selbst einfach verdeckt oder verklebt.

An diesem Prozess der jeweils neuen Gestaltung des Selbst partizipierten offensichtlich zuerst das Handwerk und dann noch komplexer sowohl das Design als auch in gewisser Hinsicht die Architektur. Anfänglich sowieso ein Privileg der Mächtigen und Reichen, sich etwas individuell herstellen zu lassen, später durchaus verallgemeinert.

Die Menschen, von Kopf bis Fuß eingerichtet. Oben damals eine Perücke, heutzutage Hair Styling, und unten die Schuhe. Man sollte nicht unterschätzen, wie sehr der Gang und auch die Haltung eines Menschen durch gestaltete Werkzeuge wie Schuhe nebst der Gestaltung von Böden und auch Treppenstufen beeinflusst werden. Sowohl die Geschwindigkeit als auch der Auftritt, die Größe der Schritte und der Knick der Knie oder ebenso insgesamt die Größe der Personen – einst trugen ja auch Männer gerne hochhackige Schuhe, um mehr Eindruck zu schinden. Dazu kommt die gesamte Kleidung, die, neben dem Schutz gegen das Wetter, einerseits die Beweglichkeit und erneut die Haltung der Menschen zutiefst konstruiert und andererseits sowohl den Trägerinnen und Trägern als auch nach außen hin ein konstruiertes Bild davon vermittelt, wie man erscheinen möchte. Ob man will oder nicht, das geschieht unausweichlich. In voller Absicht bekanntlich in der Kirche, vor allem im Katholizismus, in den Banken, am fürstlichen oder königlichen Hof, vor Gericht und durchaus auch im Alltag.

Narziss handelt mittlerweile bloß noch mit eingebildeten Selbstbildern, die zu dessen Glück der Spiegel genauso wiedergibt. Was wiederum Ausdruck von Design ist, dass solche Moden, eben die Art und Weise des vermeintlichen Subjekts, ausstaffiert hat sowie entsprechend darstellt und offenbart. Verstärkt wird dies schon seit Jahrhunderten durch Schminke, die auf alles Sichtbare des Körpers gestrichen wird, den Ausdruck des Gesichts und der Hände, den Eindruck der Augen absichtsvoll konturiert und oft auch verändert. Mittlerweile nennt man das Make-up, lackiert zusätzlich Finger-und Fußnägel und legt sich unter Bräunungsgeräte. Nichts sieht noch so aus, wie man sich einst im Spiegel gesehen hat.

Ein weiterer Zusatz ebenfalls schon seit Jahrhunderten ist das Parfum, das beizeiten den Mangel an Sauberkeit übertünchen sollte und sich dann wandelte zu einem wichtigen Element der Selbstwahrnehmung und Selbstdarstellung. Schließlich kann man dies auch noch ausweiten durch das genaue Training der eigenen Stimme, auch akustisch eine Figur zu sein. So kreieren sich die Menschen neu oder werden einfach als artifiziell gestaltet. Wie Puppen, beweglich und jeweils mit Rollen versehen wie im Puppenspiel. Nur kann man die Rollen im Alltag häufiger wechseln.

Diese Ausführungen verlangen jetzt nach einem Seitenblick, der die Perspektiven sinnvoll erweitert. Schon sehr früh in der Menschengeschichte wurden neue Bildwelten vom Aussehen der Menschen oder diesen ähnliche jenseitige Wesen, Dämonen und dergleichen entworfen und angefertigt. Man maskierte und kostümierte sich, bemalte die Körper oder ritzte und durchstach sie gar, man fand im Tanz neue Formen der menschlichen Bewegung und schuf dergestalt ständig neue Attraktion oder verängstigte die anderen Menschen. Die entworfenen Selbstbilder sind nicht zwangsläufig schön, vielmehr auch extrem, auf jeden Fall stets bemüht, Eindruck zu schinden und Aufsehen zu erregen, gegebenenfalls sogar Machtverhältnisse zu versinnbildlichen, zu etablieren oder zu stärken. Wobei die jeweiligen Formen dieser Gestaltung – und das gilt bis heute – sehr deutlich kulturelle Differenzen artikulieren.

Verbleiben wir erst einmal in der westlichen Kultur, so finden wir, dass nicht allein die Menschen sich als Puppen formulierten, sondern sogleich menschliche Ebenbilder im Puppenspiel und in Marionetten gestalteten. Womit nicht mehr bloß die einzelnen Akteure als Spiegelbilder, sondern nun auch deren Umfeld und die geselligen Aktivitäten geformt werden konnten. Zweifellos ein weiterer Vorläufer des bürgerlichen Trauerspiels – noch der „Faust" spielte vor Goethe als Marionetten-Theater –, was dann in der ebenso vom Puppenspiel abgeleiteten „Commedia dell'arte" mit deren festgelegten Figuren aufgegriffen wurde (später auf die Theaterbühne verlagert, zum Beispiel in Beaumarchais' „Der tolle Tag", die zur Vorlage für Mozarts „Figaros Hochzeit" wurde). Nun können die Menschen sich vorführen, wie sie selber aussehen und sich sehen wollen, allerdings ebenfalls, wovor im Menschen sie sich fürchten und was sie kritisieren.

In der Transformation der Puppenbühne zum bürgerlichen Theater wurde nunmehr sogleich von einem der ersten Autoren solch neuer Theaterstücke, nämlich von Gotthold Ephraim Lessing, intensiv die Katharsis eingefordert, also die Identifikation mit wenigstens einer der Personen und mit dem Geschehen auf der Bühne. So sollte man lernen, eben nicht durch notwendig distanzierte Reflexion zu reagieren, sondern durch emotionale Teilhabe, also Ebenbilder ernst zu nehmen. Die Bühne geriet zum Spiegelkabinett. Daran änderte nicht einmal Bertolt Brechts Forderung etwas, da dieser doch bloß „Lehrstücke" dagegensetzte, in denen nicht ein Publikum, hingegen die Akteure auf der Bühne sich mit der Bühnenaktion auseinandersetzen mussten. Doch was in diesem Sinn eine Bühne ist, haben die Menschen, die permanent ihr Spiegelbild zu korrigieren versuchen, nach eigener Laune schnell erweitert: Die Flaneure entdeckten die Straßen, andere zuerst die Kaufhäuser, später Shopping Malls, Einkaufsstraßen, Partys, Clubs oder andere Events. Dort spielt man sich nach eigenem Wunschbild. Mit heftiger Unterstützung durch Design und Architektur, die diesen Wegen – wie schon auf der Theaterbühne – Konturen verleihen und sie so ebnen.

Ein genauer Blick entdeckt solche Tendenzen ebenfalls in den Bildenden Künsten. Immer wieder wurden Porträts gemalt, sehr gerne Selbstporträts als gestaltete Spiegelbilder. Desgleichen geschah und geschieht in Skulpturen, Fotografien und Videos und hat sich heutzutage im neuen Design als Manie der Selfies seinen massenhaften gesellschaftlichen Weg gebahnt. Selfies konstruieren jeweilige Selbstporträts nach aktuellen Beauty-Styles: durch technische Mittel der Smartphones, die das Selbstbild automatisch schönen, es weicher oder prägnanter, glatter oder feiner erscheinen lassen. Um dieses geschönte Design seines Ich selber zu bewundern und in alle Welt zu senden, womit das gestaltete Spiegelbild zugleich archiviert wird.

Bei all jenen Verschmelzungen künstlicher Selbstwahrnehmung spielt das Design gemeinsam mit neuesten Algorithmen die zentrale Rolle. Was noch einmal einen Rückblick lohnt, nämlich in die Literatur. Mit der Entwicklung des Romans geschah etwas sehr Ähnliches wie im Theater: Im Roman – ganz anders als in alten Geschichten und Sagen – müssen sich die Lesenden mit Personen oder wenigstens mit der Handlung identifizieren. Man leidet mit oder freut sich, ist beseelt, enttäuscht oder wütend. Hinterrücks tauchen in diesem Kontext erneut die Puppenspieler auf, nur jetzt sehr fein ziseliert und mit Emotionen oder auch intelligenten Momenten versehen, die eine Identifikation leichter und substanzieller ermöglichen. Gelegentlich und zumal in der romantischen Literatur wurde diese Herkunft aus den Marionetten oder anderen tradierten Kunstfiguren direkt aufgenommen. Etwa bei E. T. A Hoffmann in „Der Sandmann" oder noch berühmter im „Frankenstein", den Mary

Shelley Anfang des 19. Jahrhunderts schrieb und 1818 anonym publizierte. Darin baut Dr. Victor Frankenstein ein Pendant des Menschen, das allerdings zum Monster gerät. Das konstruierte Spiegelbild verrutscht und gerät aus der Fassung. Nicht ohne schreckliche Folgen. Interessant an diesem Stoff – 1823 übrigens wurde eine von Mary Shelley ebenfalls gefertigte Version für das Theater uraufgeführt – ist zusätzlich, dass damit wiederum ein gewissermaßen durch ein inneres System gesteuertes Wesen wie ein Roboter sich selbstständig macht, aus dem Spiegel heraustritt und eine eigene Existenz gründen kann.

Nun tummelt sich die Ambivalenz gegenüber den gestalteten Androiden. Immerhin hatte der französische Uhrmacher Jacques de Vaucanson schon 1737 einen Flötenspieler gebaut, der in jeder Hinsicht einem Menschen ähnlich aussehen und sich ebenso verhalten, eben Flöte spielen sollte. Der war imstande, zwölf Lieder zu spielen – jedoch noch etwas unbeholfen, weshalb derselbe Uhrmacher zwei Jahre später einen Tamburin-Spieler gestaltete und dann, nicht mehr als Android, eine Ente, die sogar mit dem Schnabel Nahrung aufnehmen und knabbern und diese dann durch die Verdauung veritabel ausscheiden konnte. Bei diesen Gestaltungen hatten ihm Ärzte geholfen. Denn offenkundig waren alle so interessiert an der Verdopplung des menschlichen Daseins oder an dessen Gestaltung. Und bereits vor Mary Shelleys „Frankenstein" hatte ein androider Schachspieler die Mächtigen Europas inklusive Kaiser Joseph und Napoleon Bonaparte sehr beeindruckt. 1769 war der Schachspieler von dem österreichisch-ungarischen Hofbeamten und Mechaniker Wolfgang von Kempelen konstruiert worden. Jedoch stellte sich später heraus, dass dies im doppelten Sinn eine Fälschung, nämlich ein gefälschter Androide war; denn unter dem Schach-Tisch, an dem angeblich der „Schach-Türke", eine in türkische Tracht gekleidete Figur, saß und alle Gegner besiegte, saß ein kleiner Mensch, der durch Spiegelungen unerkannt das Spielfeld sehen konnte – und er spielte genial. Noch einmal kurz zu Mary Shelley: Ihre beste Freundin war Ada Lovelace, die wiederum – und hier wird es wirklich spannend bezüglich der Androiden – gemeinsam mit Charles Babbage zur Zeit der Entstehung des „Frankenstein" die erste Form der Computer-Sprache erarbeitete.

So verknüpfen sich womöglich Algorithmus und Literatur schon früh in der Sehnsucht, künstliche Spiegelbilder zu gestalten, das Selbstbild neu zu formulieren.

Gewiss, menschenähnliche Roboter wurden immer weiter entwickelt, in den zu Beginn auf geometrische Figuren reduzierten Computer-Spielen tauchten irgendwann ebenfalls Reproduktionen menschlicher Gestalten auf, die immer naturalistischer wurden und werden.

Und noch ein eigenartiger Aspekt der Spiegelbilder existiert. Denn es soll wahrhaftig Leute geben, die ihren Spiegel vor Wut zerstören. Weil das Spiegelbild sich nicht so verhält, wie sie es wünschen. Solche Aktion weist auf ein weiteres denkwürdiges Phänomen hin: Man sucht die Herrschaft zu gewinnen über das Ebenbild, nämlich ebenfalls über alle jene nach menschlichen Figuren gestalteten Wesen, die allesamt zu gehorchen haben. Das Spiegelbild handle nicht eigenständig, stattdessen nach Anweisung. Es ist der Sklave, die Dienerin oder der Diener, sogar ein Werkzeug. Nun hätte man schon frühzeitig solche Werkzeuge in eigenständiger Form gestalten können, aber man wählte das Abbild des Menschen für Roboter, Spielfiguren und Modepuppen. Offenbar wirkt der Enthusiasmus noch überzeugender, wenn man Menschen gängeln und diesen befehlen kann; dann fühlt man sich fast erhaben über das Spiegelbild, man beherrscht es. Allerdings, wie „Frankenstein" und etliche weitere Figuren demonstrieren, birgt solche Leidenschaft, nämlich als vorübergehende Euphorie, den anschließenden Absturz. So einfach gelingt Macht über das Subjekt eben nicht, obwohl man sie sich ständig einbildet. Etwa in den Befehlen an „Alexa", „Siri" und andere meist weibliche Figuren, die unausweichlich stets höflich und freundlich mit ihrer menschelnden Stimme antworten und die Befehle ausführen. Tatsächlich: Als man Alexa und Siri einmal fragte, ob sie denn Objekte oder Subjekte seien, verstummten sie.

Die Möglichkeiten jedoch, das Spiegelbild vermeintlich zu qualifizieren, begannen immer näher an die Menschen und an deren Körper selber heranzurücken. Zur Stärkung der Kampfkraft der Hände wurden Schwerter und später Pistolen gebaut, man entwarf Stöcke, um sicherer zu gehen oder zuzuschlagen, später Regen- und Sonnenschirme, sich gegen die Natur zu schützen.

Zur modischen Kleidung, zusätzlich zu den Schuhen, der Schminke, der Frisur, dem Schmuck und dem Nagellack kamen noch andere Accessoires. Sehr wichtig die Brille, die nicht allein das Sehen verbessern, vielmehr ebenso das Aussehen verändern und verschönern sollte. Brillen sind mittlerweile zu extravaganten Mitteln der Selbstdarstellung geworden. Sodann gab es Masken, die Gesundheit zu schützen, aber zusätzlich auch die Gesichter neu zu konfigurieren, ihren Ausdruck zu verwandeln. Das Design gerät zur Meisterschaft von Habitus und Einbildung. Man schmückt sich damit.

Sind dies alles Gegenstände der äußerlichen Nutzung durch die Menschen, ihr Sehen, Laufen, Riechen oder Hören (Hörgeräte) neu zu formen, so wird es noch komplizierter, wenn es um Eingriffe in den menschlichen Körper selbst geht. Was, dies sei an dieser Stelle deutlich geschrieben, für das Überleben von Menschen und für ihre Gesundheit und Lebendigkeit substanziell ist, gleichwohl nun sogar den menschlichen Körper der (verschönernden) Gestaltung preisgibt. Das begann mit Prothesen, zerstörte Beine oder Arme zu ersetzen. Zwangsläufig und notwendig, dennoch plötzlich ambivalent, wenn man etwa zur Kenntnis nimmt, dass jemand mit einer Profisport-Beinprothese schneller laufen und ein Mensch mit entsprechender Armprothese weiter werfen kann als körperlich sogenannt unbeschädigte Menschen. Noch vertrackter geriet die körperliche Veränderung durch Implantate. Man kann und muss gelegentlich die Niere oder die Leber austauschen, die Blase wechseln, einen Herzschrittmacher einbauen und vieles andere mehr. Und dies geschieht mittlerweile im Bewusstsein davon, dass nicht allein das Gehirn, sondern ebenfalls einzelne Körperteile über Nervensysteme verfügen und diese nicht einfach bei einer Implantation wechseln können, sich also ungern anpassen. Partiell zumindest handeln die einzelnen Körperteile, eklatant beispielsweise der Darm, ziemlich eigenständig. Welcher Mensch ist es also, mit potenziell vielen neuen Körperteilen, die die Sozialisation des oder der einen Person gar nicht erlebt haben?

Wie wichtig solche chirurgischen und andere medizinischen Eingriffe zum Erhalt des jeweiligen Lebens sind, leuchtet gewiss unmittelbar ein, versetzt dennoch in einen aufregenden Zwiespalt. Und diese so wesentliche Veränderung innerhalb des menschlichen Körpers, etwas anderes zu sein oder tun zu können, als der Körper ursprünglich jeweils zuließ, hat sich erheblich erweitert. Derzeit beginnen einige Leute, sich Chips implantieren zu lassen, um mit dem Körper zu bezahlen oder zu telefonieren oder den Weg finden zu können. Und andere oder dieselben rennen zur Schönheits-Chirurgie, insbesondere das Gesicht, doch auch andere Partien des Körpers neu gestalten zu lassen. Immer noch, diese Reduktion ist nun wieder angebracht, zur bloßen Veränderung des Spiegelbilds, also des Ansehens und des Selbstbilds. Überall liegen oder fliegen jetzt Splitter von Spiegeln herum, die Reste des einstigen Spiegelbilds aufweisen oder verdrehen und mit falschen Assoziationen kombinieren. An solcher Beschädigung partizipiert das Design äußerst profitabel, redet aber nicht davon.

Postsache
Im Nachhinein sieht man alles besser

Mitte der 1980er-Jahre ging die Post ab. Denn da publizierte Charles Jencks sein Buch „Language of Postmodern Architecture" und produzierte damit weltweit Furore. Alle redeten plötzlich von der Post-Moderne. Nun basierte dies USA auf einer grundsätzlichen Abrechnung mit dem zu der Zeit auch in den dort so einflussreichen Bauhaus und den davon inspirierten Formen von Gestaltung – die Zeitschrift „October" beispielweise veröffentlichte zu etwa der gleichen Zeit sehr verdienstvoll jene berüchtigten Briefe von Mies van der Rohe aus dem Jahr 1944 an das Deutsche Reich, in denen er bekundete, so gerne an dem neuen Hamburger Institut Speer zum „Wiederaufbau der deutschen Städte" (er meinte „nach dem Endsieg") mitarbeiten zu wollen.

Insofern und auch inhaltlich bedeutete also diese Kritik an der Moderne durchaus eine wichtige kritische Perspektive innerhalb des Diskurses um Design. Allerdings beseelt von mehreren Missverständnissen. Ganz immanent etwa ignorierte jene US-amerikanische Diskussion über die Post-Moderne völlig jene europäische sehr vehemente Kritik an einem einseitigen Funktionalismus und an einer simpel gradlinigen Architektur, die in den 1960er-Jahren im Kontext von „Architettura radicale" und „Disegno radicale" stattgefunden hatten; dazu gehörten vor allem „Archizoom", „Archigram", „Haus-Rucker-Co", „UFO" und „Superstudio". Zum anderen entfaltete sich in Europa ein blödes Missverständnis in der Übersetzung, denn im englischen Sprachgebrauch meint „modern" den (dort so seltsam bezeichneten) Modernismus, also bestimmte Gestaltungsformen seit dem Jugendstil um 1900 und insbesondere solche der 1920er-Jahre im Umfeld von Konstruktivismus, de Stijl und Bauhaus; missverständlich ist dies, da im kontinental-europäischen Kontext die Wissenschaften unter dem Stichwort „Moderne" untereinander durchaus streitbar diese entweder bereits mit der Renaissance verbinden oder mit der Aufklärung oder – gewiss am plausibelsten – spätestens mit der Zeit der Romantik; denn tatsächlich setzte sich die Romantik mit den

Widersprüchen der Aufklärung und deren Folgen, also auch mit Industrialisierung und neuen sozialen Problemen, auseinander – immerhin müsste man ja auch einen Karl Marx zu den Spätromantikern zählen. Außerdem wurde und wird nach wie vor zum Beispiel in Deutschland einfach unterschätzt, dass die englische Sprache (und dies auch in den USA) aufgrund einer etwas rigiden Grammatik, die ganz anders als in der deutschen Sprache kaum Spielformen zulässt, stattdessen dazu tendiert, in der Kompensation dieses Mangels ständig neue Wörter zu erfinden – und in der Tat bietet die englische Sprache sehr viel mehr Wörter als beispielsweise die deutsche. Das macht, dass im englischsprachigen Kontext immer wieder neue Wörter und WortKombinationen erfunden werden – die dann, durchaus gut zum Marketing passend, stets neue Brandzeichen, Brandings, in die Welt setzen.

Nun liegt dieser Konflikt innerhalb von Architektur und Design schon mehr als 40 Jahre zurück und geriet fast in Vergessenheit. Da bricht die Post erneut in die formulierten Anschauungen über unsere Gegenwart hinein. Zwischendurch war schon von Post-Strukturalismus die Rede, doch so richtig eskalierte die postalische Artikulation erst vor einigen Jahren. Irgendwie nämlich haben Architektur- und Designdiskurse allmählich die allgemeine Öffentlichkeit beflügelt, alles zu posten oder postalisch zu benennen. Auffällig wurde das, als „post-faktisch" zum Wort des Jahres 2016 ausgerufen wurde. Gewissermaßen als Monument, ab jetzt alles in diesen positiven Sprachraum hineinzuziehen. Es redet sich permanent von „post-industriell", „post-sozial", „post-neutral", „post-radikal" und wohl auch schon von „post-demokratisch" und dergleichen mehr. Nichts bleibt übrig, alles wird in irgendeine Vergangenheit gerückt, die dann durch das „post" als „danach" die jeweilige Gegenwart glorifiziert.

Im Nebenbei wird auf diesem Weg jene sowieso in bestimmten Kreisen erkennbare Abwendung von oder Ignoranz gegenüber Geschichte und jeglicher geschichtlichen Reflexion unterstützt. Eine Tendenz, die sogar mittlerweile in wissenschaftlichen Arbeiten sichtbar wird, da diese kaum noch Publikationen zitieren oder überhaupt wahrnehmen, die älter als zehn Jahre sind. Oder noch anders: Geschichte und insbesondere deren Monumente liebt und verehrt man gern als Sagen und Geschichten, jedoch sind sie damit entrückt jeglicher

Nachdenklichkeit und Analyse. Man mag die Geschichte als Erzählung, gegebenenfalls gern auch als „Narrativ", keineswegs jedoch als ein wichtiges Thema zur Auseinandersetzung. Insofern entlastet jenes „post" vorzüglich, da es einfach die Geschichte abgrenzt und wegschließt, auf dass, wenn überhaupt, Auseinandersetzung nur noch in der Gegenwart verrottet.

Aber noch ein weiterer Aspekt wird von dieser Inflation der Posts in die Welt gesetzt: Plötzlich müsste man etwa angesichts von dem ja sehr energisch vorgetragenen „post-faktisch" darüber diskutieren, warum jemand überhaupt behaupten könnte, irgendwann habe es „Fakten" gegeben. Was soll das gewesen sein? Mathematische Aussagen? Obwohl doch selbstverständlich schon Albert Einstein deutlich davon sprach, dass Mathematik ein kunstvolles Instrument sei und Einsichten der Physik keineswegs als endgültig gedacht werden dürften. Was angesichts der vielen absichtlichen oder unabsichtlichen Fälschungen ohnehin offenkundig ist. Oder sollte man an historische Daten glauben, während doch allgemein bekannt ist, dass unausweichlich historische Fakten jeweils von Interessen und den entsprechenden Überlieferungen abhängig sind.

Gewiss, irgendwo in der Landschaft stehen insbesondere von Architektur und Design produzierte Objekte herum, doch deren Wahrnehmung war stets historisch bedingt und niemals Fakt einer eindeutigen Überlieferung. Ähnlich ergeht es jenen anderen heute so gerne angeführten „post"-Adjektiven. Als ob Einverständnisse darüber existierten, was „industriell", „sozial", „radikal", „demokratisch" oder Ähnliches sei. Doch dies wird immer dann unterstellt, wenn jenes Post herangezogen wird. So wird alles, was zuvor geschehen und gedacht war, einfach in den Müll geworfen. Statt den kritischen Diskurs und die lebendige Auseinandersetzung mit all dem, was nun als „post" schlicht diffamiert und vernichtet wird, ernsthaft anzugehen.

Eine hinreißend banale Lösung dieses Problems übrigens befindet sich in neueren Diskussionen über die „Post-Moderne", denn inzwischen sprechen diejenigen, die das einst so propagierten, schon von der „Post-Post-Moderne". Was beliebig fortsetzbar wäre.

schlüssig

Einsam reitet der Cowboy auf seinem Pferd in die Ferne Richtung Horizont. Ein Ende ist nicht sichtbar. Doch dann wird er ausgeblendet, und es erscheint auf der Leinwand der Text „THE END" (oder „Fin", „Fine", „Final" etc., je nach Landessprache). In dieser Weise endeten für etliche Jahrzehnte sehr plausibel viele Western – und demonstrierten so, dass ein Ende gar nicht existiert, gleichwohl fortwährend ein Ende gefunden werden muss. Der Ritt in die Ferne erscheint unendlich, wird jedoch jäh abgebrochen. Und verdeutlicht so, dass einerseits nichts endgültig, doch alles endlos ist, andererseits jedoch immer wieder etwas oder jemand ein Ende findet. Das Ende tritt zwar partiell auf, existiert aber an und für sich nicht. Kurt Schwitters schrieb einst sehr einsichtig: „Das Ende ist der Anfang jeden Endes."

Nun fordert solches Verständnis, auf jegliche Definition und auf endgültige Lösungen oder Vorschläge dafür zu verzichten, gleichwohl alltäglich über die Gestaltung des Endes nachzudenken. Denn in der alltäglichen Wirklichkeit werden wir fortwährend mit diversen Enden konfrontiert. Nicht allein im Kino, vielmehr ebenso in der Musik, in der allzu häufig sich Schlussakkord an Schlussakkord reiht und wie im Film ausgeblendet werden muss; kleingeistige Malerei malt die Leinwand komplett voll mit unzähligen Details, dergleichen Bildhauerei. Haut auf den Marmor oder formt das Metall immer weiter. Vergleichbares geschieht im Alltag: Vor einem großen Abendessen liest man gespannt die Menükarte, plaudert über die Vorspeisen und sitzt am Schluss übersättigt tumb auf dem Stuhl, zum Anfang von Partys oder in Clubs fällt man sich (oder vielmehr: vor und nach der Pandemie) um den Hals, küsst, jubelt – um am Schluss trunken in einer Ecke zu liegen. Alles endet und geht dennoch weiter.

Umso mehr müssen sich Architektur und Design um die Gestaltung des Endes sorgen. Ausgehend von der Architektur wird sehr viel gebaut, doch macht sich kaum jemand Gedanken über den späteren Abriss, um das Ende der Gebäude; dazu kommt ein denkwürdiges Paradoxon innerhalb der Architektur, da viele Architektinnen und Architekten so gerne Monumente für die Ewigkeit entwerfen mögen, zugleich darüber klagen, dass aufgrund so vieler bestehender Monumente nicht genug Baugrund vorhanden ist. Design ist sehr mitverantwortlich für die Unmengen von Müll, die die Welt belasten und das Klima zusätzlich zerstören. Auch hier grübelt und jubelt man sehr gerne über den Anfang und dann anfängliche Erfolge auf dem Markt, aber immer noch selten werden schon beim Anfang der Gestaltung die Reparaturfähigkeit und die Entsorgung bedacht. Was schlicht katastrophal ist und dringend der Veränderung bedarf.

Auch wenn es immer nur ein partielles Ende gibt von Gegenständen, Schriften, Dienstleistungen, Beziehungen und vom persönlichen Leben und alles weitergeht, so muss dennoch die Gestaltung solch vielfältiger Enden bedacht und umgesetzt werden.

Übrigens auch bei einem Text, denn wie soll der enden. Versöhnung ist nicht angesagt, da bloß ideologisch oder lediglich in Hollywood oder Streaming-Diensten als Happy Ending vorstellbar. Lösungen als endgültige Lösungen sind nicht in Sicht oder lediglich fiktiv oder brutal autoritär. Bleibt, ein Fazit zu formulieren, eben das, was in der lateinischen Sprache mit „facit" eingefordert wird, nämlich Hinweise darauf, was (noch) zu tun ist. Doch diese Fingerzeige verstecken sich ja schon in den einzelnen Texten – und somit bleibt, wie bei einem Zoom-Meeting, auf den Knopf zu drücken oder, wie im Film, auszublenden.

THE END

* Einige dieser Texte erschienen teils mit anderen Überschriften oder anders formuliert oder kürzer im Online-Magazin *Stylepark*.